SACHEZ NÉGOCIER EN TOUTES OCCASIONS

Herb COHEN

SACHEZ NÉGOCIER EN TOUTES OCCASIONS

Traduit de l'américain par Magali Lancelier

FIRST inc.

Édition originale américaine
YOU CAN NEGOCIATE ANYTHING

Traduction française

11, Villa Thoreton, 75015 PARIS
ISBN 2-87691-015-2

À la mémoire de mon père, Morris Cohen,
dont la stratégie a toujours été de donner plus qu'il ne recevait.
Toute sa vie est là pour en témoigner avec éloquence.

AVANT-PROPOS

Nos meilleures idées nous viennent des autres.
Ralph Waldo EMERSON

Ce livre, comme tous les livres, a une longue histoire. Au fil des années, ma réflexion a évolué sous l'influence des personnes que j'ai rencontrées et des expériences que j'ai vécues. Dans ce sens, on peut dire que l'origine de ce manuscrit remonte très loin.

Ce que vous allez lire est essentiellement le produit de trente ans de participation directe à des milliers de négociations. Pendant toute cette période, j'ai énormément appris au contact de penseurs et de décideurs éminents, qui venaient aussi bien du secteur public que du privé.

Cependant, ce serait pure négligence de ma part de ne pas accorder une mention toute particulière à ceux qui m'ont le plus aidé dans ma carrière, à savoir : Robert E. Alberts, Saul D. Alinsky, Renee Blumenthal, Harlan Cleveland, Michael Di Nunzio, Viktor E. Frankl, Jay Haley, Eric Hoffer, Eugene E. Jennings, George F. Kennan, Marya Mannes, Norman Podhoretz, Bill Rosen, Bertrand Russel, Arthur Sabath, Francis A. Sinatra et bien sûr Esther Greenspun.

J'étends naturellement ma reconnaissance à ceux qui ont étroitement collaboré à cet ouvrage, notamment George Elrick, Eleanor Harvie, Anita Lurie, et mon meilleur ami, Larry King. Je salue également Carole Livingston pour ses précieux conseils ainsi que mon éditeur, Lyle Stuart, qui a su allier audace et patience à la perfection.

Plus encore, je tiens à remercier ici la compagne de ma vie, ma femme Ellen, pour son assistance et son soutien. Sans elle, cette entreprise n'aurait jamais vu le jour.

Avant d'aller plus loin, permettez-moi d'insister sur trois points que vous ne manquerez pas de remarquer au cours de votre lecture.

Premièrement, je tiens à préciser que si j'ai surtout employé le masculin, c'est uniquement dans un souci de clarté. En effet, j'ai passé un temps fou à essayer de résoudre les difficultés sémantiques de la langue anglaise; mais mes premières tentatives pour remédier au problème des pronoms personnels ont résulté en une prose maladroite, voire incompréhensible. Par conséquent, vous relèverez dans certains passages quelques abus sexistes de langage; par avance acceptez mes plus humbles excuses. Ce n'est pas parce que la femme a été créée à partir d'une côte d'Adam que je crois qu'elle doit être laissée de côté. A l'heure de l'émancipation féminine, la faute en incombe essentiellement à la langue maternelle de nos pères.

Deuxièmement, j'ai choisi de n'ajouter ni notes, ni références, ni renvois à des textes techniques pour soutenir les concepts et les idées présentés dans ce livre. Mon but n'était pas de m'adresser en termes érudits à des spécialistes, mais d'écrire un guide pratique destiné aux profanes. Les réflexions et les exemples doivent parler d'eux-mêmes. Si tel n'est pas le cas, je doute qu'une note, aussi géniale soit-elle, vous soit d'un grand secours.

Enfin, je m'en suis volontairement tenu aux grandes lignes, afin que vous perceviez bien les points essentiels et ne risquiez pas de vous perdre dans un dédale de considérations mineures et de détails procéduriers. Je me suis parfois laissé aller à quelques plaisanteries, qui ne doivent, bien sûr, pas être prises au pied de la lettre.

Loin de moi l'idée de vous imposer un type de comportements ou d'objectifs. Je souhaite simplement élargir votre horizon et vous montrer l'étendue des possibilités qui s'offrent à vous. Pour ce faire, je dénoncerai les limites de certaines façons de penser ou d'agir et mettrai en évidence des approches de substitution plus opérationnelles. Chacun pourra ainsi trouver, selon sa propre personnalité et son système de valeurs, un moyen de parvenir à ses fins en fonction de ses besoins spécifiques.

H.C.

Northbrook, Illinois
Septembre 1980

Partie I

OUI, C'EST À VOTRE PORTÉE!

1.

QU'EST-CE QUE LA NÉGOCIATION?

Pour arriver à la Terre Promise,
Il faut négocier son chemin à travers la jungle.

Le monde n'est qu'une immense table de négociations, à laquelle vous êtes assis de gré ou de force. En effet, en tant que personne privée, il vous arrive nécessairement d'être en conflit avec les autres, qu'il s'agisse des membres de votre famille, des vendeurs, des concurrents, des institutions ou des administrations. De la façon dont vous maîtrisez ces rapports dépendent non seulement votre succès mais encore votre qualité de vie.

La négociation est un faisceau de connaissances et de comportements dont le but est de gagner les faveurs de ceux dont on veut obtenir quelque chose. C'est aussi simple que cela.

Mais, d'abord, que veut-on?

Toutes sortes de choses : prestige, liberté, argent, justice, statut, amour, sécurité et reconnaissance sociale. Certains savent mieux que d'autres comment s'y prendre pour arriver à leurs fins. Vous serez bientôt de ceux-là.

On prétend souvent que la réussite revient aux plus talentueux, aux plus consciencieux et aux plus diplômés. Mais la vie s'est chargée de désillusionner ceux qui pensent que vertu et travail finissent toujours par triompher. Les ment », soit 250 francs de plus que ce que vous pouvez mettre. Ce n'est pas une étiquette ordinaire gribouillée au feutre, mais imprimée en majuscules sur du beau carton. Elle a l'air d'avoir été mise là par le Grand Imprimeur de l'Au-delà.

Vous vous manifestez et un vendeur s'avance tranquillement vers vous : « Oui... Je peux vous aider ? »

« J'aimerais parler un peu de ce réfrigérateur. »

« Il vous plaît ? »

« Oui, beaucoup », admettez-vous.

« Bien, je vais préparer la facture. »

« Non, attendez, nous pourrions en discuter. »

Il fronce les sourcils et s'éloigne en déclarant : « Quand vous vous serez mis d'accord avec votre femme, venez me trouver au rayon télévision. »

À votre avis, est-ce qu'il s'agit d'une négociation facile ou difficile ? La plupart d'entre nous dirait difficile. Pourquoi ? Parce qu'il y a un grand décalage entre vous et le vendeur sur les plans de l'information, du temps et du pouvoir.

L'information : Que savez-vous des impératifs du vendeur ou de ceux du magasin ? Est-ce que le vendeur est salarié ou payé à la commission ou moitié-moitié ? Vous n'en savez rien. Doit-il respecter un budget, des quotas, des délais ? Vous n'en savez rien. A-t-il fait un bon mois ou, au contraire, son patron vient-il de l'avertir qu'il avait intérêt à vendre un réfrigérateur aujourd'hui « ou sinon... » ? Vous n'en savez rien. Quel est l'état des stocks ? Est-ce que ces modèles se sont vendus comme des petits pains, ou bien est-ce que le magasin serait prêt à s'en débarrasser au plus vite ? Vous n'en savez rien. Quel est le prix de revient de cet article ? Vous n'en savez rien. Le magasin réalise-t-il un bénéfice dessus ? Si oui, lequel ? Vous n'en savez toujours rien.

En définitive, vous ne savez pas grand-chose, ni sur le vendeur, ni sur le magasin. La réciproque n'est pas vraie. Le vendeur, lui, sait que son réfrigérateur vous intéresse. En effet, on peut flâner aux rayons télévision, stéréo ou articles de sport, mais pas dans le gros électroménager. Quand on regarde les réfrigérateurs, c'est parce qu'on en a besoin d'un. Au-delà de cette évidence, le vendeur connaît les concurrents du quartier, ainsi que les prix et les promotions qu'ils pratiquent en ce moment.

Même s'il a l'air – pour l'instant – de ne pas s'occuper de vous, en fait, il dresse l'oreille et sait tout de vos problèmes d'argent, de votre vieux réfrigérateur et de votre désir d'en acheter un neuf. Quasiment chaque mot échangé avec votre épouse lui assure un nouvel avantage et renforce sa position.

D'innocentes remarques, telles : « La couleur, c'est exactement ça », « Je ne crois pas qu'on trouverait moins cher ailleurs » ou « Je n'ai jamais vu un congélateur aussi grand » donnent encore des armes supplémentaires au vendeur.

Vous remarquerez que lui ne répond jamais directement à une question, susceptible de vous fournir de l'information. Ses réponses consistent uniquement en contre-questions. Si vous dites : « Au cas où j'achèterais ce réfrigérateur, quand pourriez-vous me livrer ? », il répondra : « Quand est-ce que cela vous arrangerait ? » Et, si vous lui confiez : « En début d'après-midi », il demandera : « C'est si urgent que ça ? », ce qui vous obligera à lui expliquer qu'« Il y a pour plus de 500 francs de nourriture en train de s'abîmer dans le nôtre qui est en panne. »

Cette information est-elle utile au vendeur ? Bien sûr, puisque vous avez dévoilé votre limite dans le temps, alors que vous ignorez la sienne.

Le temps : L'inégalité face à l'information est encore aggravée par le poids des structures et la pression du temps. Le vendeur en face de vous semble décontracté. La structure à laquelle il appartient reste cachée. Qu'en est-il de la vôtre ? Elle est très visible et peu efficace. Quand la femme veut partir, le mari veut rester, et vice versa.

Et les enfants que vous avez emmenés, que sont-ils devenus ? Attendent-ils patiemment près de vous la conclusion de l'achat ? Non, bien sûr. L'un joue à cache-cache dans les réfrigérateurs. Où est-il d'ailleurs ? « Dans le jaune... celui qui a la porte fermée. Il faut vite le sortir de là avant qu'il n'étouffe ! » Quant au deuxième, il joue tranquillement au football, à l'autre bout du magasin, entre les machines à laver et les sèche-linge en hurlant toutes les deux minutes : « Allez les Verts ! »

je devais prendre un avion en début d'après-midi, je me suis présenté à la caisse à midi et demi pour payer ma note et partir. Personne. Comme je commençais à avoir faim, je pris le temps de déjeuner et revins à la caisse à treize heures précises. Puisqu'il n'y avait pas un chat une demi-heure plus tôt, je ne pensais pas y trouver plus de trois personnes. En entrant dans le hall, je remarquai que vingt-huit personnes faisaient la queue, comme des prisonniers attendant leur gamelle. Je n'en croyais pas mes yeux. Comment était-on passé de zéro à vingt-huit en trente minutes ? En réfléchissant un peu, je me dis que ce n'était probablement pas des clients qui voulaient payer leur note mais plutôt un groupe de touristes qui visitaient l'hôtel. Je n'avais, par conséquent, pas besoin de faire une queue qui ne me concernait pas. J'entrepris donc de dépasser les badauds pour me présenter devant la caisse. Au passage, j'eus droit à des regards de reproche et compris mon erreur. Non sans un certain embarras, je repris ma place au bout de la queue et demandai à mon voisin : « Vous faites la queue pour quoi ? »

« Pour payer et partir », me répondit-il.

« Mais, comment cela se fait-il ? »

« C'est l'heure de libérer les chambres, voilà tout », grommela-t-il.

« Mais, comment le savez-vous ? »

« C'est écrit sur la porte de la chambre, tiens. »

Remarque très significative; c'était écrit sur la porte, alors il était là!

Deuxième exemple du pouvoir de la légitimité : un employé trouve le courage d'aller frapper à la porte de son patron pour lui demander une augmentation qu'il pense mériter.

Dans ce cas, jamais le patron ne réplique : « Non, je ne veux pas vous augmenter »; il dira : « Certes, vous méritez cette augmentation. Cependant... » (« cependant » étant synonyme de « va te faire voir »). Il écarte des tonnes de papiers et montre du doigt une feuille imprimée placée sous le verre de son bureau, et déclare paisiblement : « Malheureusement, vous avez déjà atteint le plafond dans votre catégorie. »

L'employé bafouille : « Oh! le plafond, j'avais complètement oublié », fait machine arrière et renonce à de légitimes prétentions par le simple pouvoir de mots imprimés. « On ne discute pas avec un imprimé placé sous verre », et c'est exactement ce que souhaite le patron.

Troisième exemple du pouvoir de la légitimité : il y a une vingtaine d'années, je travaillais dans un cabinet immobilier. Les gens venaient me voir pour signer leur bail; la plupart payaient leur caution et repartaient sans lire les papiers. Il arrivait parfois que quelqu'un souhaitait lire le bail avant de signer.

Invariablement, je répondais : « Mais, bien sûr, c'est votre droit le plus strict, allez-y! »

À mi-lecture, la personne s'écriait en général : « Eh! minute... avec ce texte, je me retrouve complètement ligoté. »

Et moi : « Je ne pense pas; c'est le formulaire réglementaire... Il y a même son numéro en bas à gauche. »

La réaction était presque toujours la même : « Ah bon, le formulaire réglementaire... dans ce cas... », et il (ou elle) signait, écrasé par le pouvoir, apparemment magique, de quelques mots tapés à la machine.

Si d'aventure, la personne hésitait malgré tout à signer, j'ajoutais alors : « Les juristes ne toléreront aucune modification. » Notez bien que les juristes en question n'étaient même pas au courant qu'ils ne toléreraient aucune modification. Néanmoins, cette phrase faisait des miracles car le simple mot de « juriste » véhicule une très forte image de légitimité, et théoriquement, on ne plaisante pas avec ces gens-là.

Pendant ce temps, vous êtes toujours chez Darty, devant l'étiquette « 2 750 francs », intimidé par un pouvoir que vous supposez incontestable, exactement comme les clients de l'hôtel, l'employé demandant une augmentation ou les locataires signant leur bail. Et pourtant, aucune de ces situations ne devrait vous mettre mal à l'aise, car elles sont toutes négociables.

Pourquoi? Parce que tout ce qui est le fruit d'une négociation est, par définition, négociable, y compris le prix d'un réfrigérateur.

Réfléchissez-y cinq minutes. Comment Darty a-t-il fixé son prix de 2 750 francs? Vous le savez aussi bien que moi. L'homme du marketing a dit : « Mettons-le à 2 500 francs, comme ça on en vendra beaucoup. » Les financiers ont répondu : « Il faut faire de la marge sur les frigidaires... disons 3 000 francs. » Puis, le service publicité a mis son grain de sel : « Les études de comportement montrent que le seuil psychologique est à 2 790 francs. » Et, comme ils avaient tous autre chose à faire, ils se sont mis d'accord sur un compromis de 2 750 francs. Il n'y avait pas de Grand Imprimeur de l'Au-delà.

Certaines choses ne peuvent pas faire l'objet d'une négociation. Les Dix Commandements, par exemple. C'est assez difficile de négocier avec Dieu le Père un texte gravé à l'eau-forte dans la pierre. Idem pour le sermon sur la montagne : le Christ n'a pas rassemblé ses fidèles pour leur dire : « Donnez-moi vos informations; nous allons former un groupe de réflexion, scindé en sous-comités; il faut absolument trouver quelque chose. »

Ces exemples relèvent du sacré et ne s'apparentent pas aux prix pratiqués par les grandes surfaces, aux heures imposées pour libérer les chambres d'hôtel, aux plafonds de salaires ou aux baux réglementaires.

Cela dit, ce n'est pas parce que tout se négocie qu'il faut passer sa vie à négocier. Si vous me demandiez : « Est-ce que vous négociez avec les grandes surfaces? », je vous répondrais très honnêtement que, par principe, je ne mets jamais les pieds dans ce genre d'établissements.

Ce que je veux dire, c'est que votre décision de négocier ou non quelque chose doit être fondée sur vos réponses aux questions suivantes :

1. Suis-je dans une situation confortable pour négocier?
2. Est-ce que la négociation répondra à mes besoins?
3. Le bénéfice que je peux espérer en tirer compensera-t-il la dépense de temps et d'énergie que je dois y consacrer?

Si, et seulement si, en pleine conscience, vous avez répondu oui à ces trois questions, alors il faut vous lancer dans ladite négociation. Vous devez toujours vous sentir maître de la situation et choisir soigneusement les opportunités en fonction de vos besoins. Ne vous laissez pas manipuler ou intimider par des personnes extérieures qui ne comprennent pas vos intérêts réels.

Quelles que soient les circonstances, vous avez toujours la liberté de choisir votre attitude et la possibilité d'agir sur le résultat final. En d'autres termes, vous disposez d'une latitude plus grande que vous ne pensez pour modeler et améliorer votre vie.

3.

LES PREMIERS PAS

Le secret pour marcher sur l'eau,
C'est de savoir où sont les pierres.

Reprenons le scénario. Vous, votre épouse et vos deux enfants êtes chez Darty devant un réfrigérateur dont le prix dépasse vos moyens. Et, pourtant, vous voulez cet article. Est-ce que cela vaut la peine de négocier ? Si vous avez répondu par l'affirmative aux trois questions du chapitre précédent, alors il faut foncer droit au but. Mais comment ? Que dire ? Que faire ?

FAIRE JOUER LA CONCURRENCE

Tout d'abord, n'ayez pas une vision étriquée de vous-même. Ne vous considérez pas comme un simple acheteur de réfrigérateur, mais plutôt comme quelqu'un qui veut vendre de l'argent. En effet, c'est votre argent qui est en jeu.

Plus il y aura de gens qui voudront votre argent, et plus votre pouvoir d'achat grandira. Mais comment amènerez-vous les autres à vouloir cet argent ? En faisant jouer la concurrence.

Par exemple, chez Darty, un moyen à toute épreuve pour engendrer la concurrence, c'est de laisser entendre au vendeur que d'autres distributeurs présentent le même modèle, mais moins cher. Le simple fait de dire que d'autres seraient ravis de récupérer votre argent vous donne instantanément plus de poids. De la même façon, vous pouvez jouer sur la constatation que les produits de Darty se concurrencent entre eux. Cela vous surprend? Eh bien, regardez leur catalogue et vous trouverez, en plein milieu, le même réfrigérateur à 2 200 francs plus 150 francs de livraison. Mettez la page sous le nez du vendeur, et commencez à négocier.

La Satisfaction des Besoins

Vous avez d'autres moyens de pression qui tournent tous autour de la satisfaction de vos besoins, réels ou supposés. Au fond, toute négociation vise à satisfaire des besoins. Ainsi, Darty vous présente une marchandise à 2 750 francs, prix qui correspond à ses besoins... Mais qu'en est-il des vôtres? Après tout, une transaction se fait à deux, et, idéalement, les deux parties devraient y trouver leur intérêt.

Vous pouvez appliquer différentes méthodes pour bien faire rentrer dans la tête du vendeur ce que vous voulez exactement.

Demandez-lui, par exemple : « Le modèle se fait en quelles couleurs? »; s'il répond : « Trente-deux », vous les lui faites énumérer et, à la fin, vous vous exclamez : « C'est tout? » Et, s'il vous demande : « Que cherchez-vous précisément? », vous enchaînez : « Nous avons une cuisine psychédélique, et vos coloris sont beaucoup trop classiques. Ça va jurer! J'espère au moins que vous nous ferez une petite réduction. »

Pour que vos besoins soient bien clairs, vous pouvez aussi commencer à discuter du distributeur à glaçons : « Je vois que le distributeur à glaçons est intégré. » Le vendeur répond automatiquement : « Oui, vous avez de la glace vingt-quatre heures sur vingt-quatre, et cela ne vous coûte que dix centimes de l'heure! (Remarquez qu'il fait ici une supposition tout à fait gratuite quant à vos besoins.) Vous démentez cette fausse supposition en disant : « Cela nous pose un problème, car un des enfants a des ennuis de gorge chroniques, et le docteur lui interdit formellement la glace. Vous serait-il possible de retirer ce distributeur? » Il rétorquera : « Mais, il faudrait enlever toute la porte », et vous « Je sais bien... mais si je vous promets de ne pas l'utiliser, est-ce que ça ferait baisser le prix? »

Une troisième manière d'exprimer vos besoins – et donc de critiquer le produit – c'est de parler de sa porte. En effet : « Elle s'ouvre sur la gauche, ce qui n'est vraiment pas pratique quand on est droitier. »

Des commentaires de ce type indiquent au vendeur que vos besoins ne sont pas pleinement satisfaits. Alors, au nom de quoi les siens le seraient-ils?

Les Promotions

Il vous est également possible de demander : « Quand ce modèle sera-t-il en promotion? » ou bien : « Ça fait longtemps que les promotions sont terminées? » Vous insinuez ainsi que même s'il n'y a pas de promotion en ce moment, il y en aura bientôt, ou il y en a eu récemment... Par conséquent, il serait très injuste de vous pénaliser simplement parce que vous n'êtes pas venu le bon jour.

« Un Petit Défaut Ici! »

La vieille méthode du modèle d'exposition fonctionne aussi à merveille dans ses deux versions.

La première consiste à examiner le réfrigérateur très soigneusement tandis que le vendeur vous surveille du regard et à marmonner : « Je vois un petit défaut ici. » Le vendeur réplique : « Ah! non, je ne vois rien! » Vous insistez : « Si, si... Il me semble bien qu'il y a une légère égratignure... un minuscule défaut sur le côté. En fait, à la lumière, j'en vois plusieurs. Vous faites des réductions dans ce cas-là? »

Mais que se passe-t-il si ces petits défauts n'existent pas? Vous pouvez toujours les faire vous-même (je ne donne pas ici un cours de morale, j'énumère simplement un certain nombre de possibilités, et il peut même m'arriver de plaisanter). Vous vous rappelez votre fils qui jouait au football? Qu'il vienne donc s'exercer un peu près du frigidaire!

La seconde version de cette technique est mieux connue sous le sigle RTI, soit Réduction pour Traumatismes Internes. On suppose ici qu'un modèle d'exposition a nécessairement subi des dommages. Peut-être ne sont-ils pas visibles à l'œil nu, mais ils sont là, c'est sûr. Après tout, on a ouvert et fermé ce frigidaire, et tripoté tous ses éléments pendant des mois. Le modèle d'exposition, c'est comme une prostituée qui a déjà fait plusieurs fois le tour du pâté de maisons : sa fraîcheur a souffert de tant de manipulations. De ce fait, vous avez droit à une Réduction pour Traumatismes Internes, ou RTI.

Changement de Point de Vue

Vous pouvez aussi dévier du sujet principal de la discussion et aborder un point secondaire, susceptible d'intervenir dans le prix.

Il est compréhensible, en effet, que le vendeur ne puisse pas faire baisser le prix du réfrigérateur en dessous d'un certain seuil; en revanche, il peut se montrer plus conciliant sur des éléments annexes, par exemple l'indemnité de reprise. Donc, vous pouvez dire : « D'accord pour 2 750 francs, mais vous reprenez mon vieil appareil 800 francs. C'est une affaire, il est en très bon état. » Si le vendeur tique trop, vous concluez : « Bon, je vous le laisse à 300. »

Je reconnais que ça n'est pas très courant pour les réfrigérateurs; par contre, ça marche bien quand on achète une voiture.

Et Si... ?

Vous disposez encore d'un autre moyen tout aussi efficace : la formule magique : « Et si? » Par exemple : « Et si j'achète quatre réfrigérateurs, est-ce que ça fait baisser le prix? Et si je l'emporte moi-même au lieu de vous demander de le livrer, est-ce que ça fait baisser le prix? Et si j'achète en plus une machine à laver séchante et un gaufrier, est-ce que ça fait baisser le prix? Et si, dans les six prochains mois, notre syndic achète un réfrigérateur par mois, est-ce que ça fait baisser le prix? »

Bien sûr, avec cette méthode, vous n'obtiendrez pas forcément ce que vous voulez, mais neuf fois sur dix, le vendeur vous fera une contre-proposition intéressante.

N'oubliez pas que si le prix de 2 750 francs a été fixé arbitrairement, il inclut tout de même un certain nombre de services (installation, livraison, dépannage, garantie...) qui ne sont pas gratuits pour le vendeur. Donc, si vous le dispensez d'assurer ces services, il pourrait vous répercuter l'économie qu'il réalise. Par exemple, si vous demandez : « Est-ce que l'installation est comprise? » et qu'on vous répond par l'affirmative, vous pouvez toujours dire : « Bien, j'ai quelques outils à la maison, je ferai moi-même les raccordements nécessaires. »

L'Ultimatum

Supposons que vous soyez pressé et n'ayez pas envie de négocier. Vous interpellez le premier vendeur venu et lui dites : « Écoutez, vous voulez vendre ce réfrigérateur, et moi je veux l'acheter. Je vous en offre 2 500 francs tout de suite, c'est à prendre ou à laisser. » Le vendeur essayera-t-il de vous retenir quand vous tournerez les talons? Non, je ne crois pas. Pourquoi? Simplement parce qu'il n'a pas eu le temps de s'investir ni dans une relation avec vous ni dans le marché que vous lui proposez. De plus, il vous en veut probablement de l'avoir abordé de façon si cavalière. Le secret pour faire aboutir un ultimatum, c'est d'amener son interlocuteur à investir en temps et en énergie.

En gardant bien ce principe à l'esprit, essayons une autre méthode. Vous allez tranquillement au rayon électroménager, à deux heures un lundi après-midi et dites au vendeur :

« J'aimerais voir vos réfrigérateurs. » De deux heures à quatre heures, faites-le décrire tous les modèles, avec force détails. Puis, vous prenez congé sur ces mots : « Avant de me décider, je vais revenir avec ma femme. »

Le vendeur a déjà perdu deux heures avec vous.

Le mardi, à deux heures, vous réapparaissez en compagnie de votre épouse, cherchez le vendeur de la veille et recommencez avec lui l'examen exhaustif de toute la gamme de réfrigérateurs. À la fin, vous lui dites : « Avant de nous décider, nous voudrions revenir avec ma belle-mère. C'est une spécialiste dans ce domaine. À demain. »

Maintenant, le vendeur a investi quatre heures.

Le mercredi, à l'heure habituelle, vous faites votre entrée dans le magasin suivi de votre femme et de votre belle-mère. Vous conduisez le vendeur à répéter sa démonstration jusqu'à quatre heures, et à ce moment-là, vous marmonnez : « Hum! vous savez, je n'arrive pas à me décider. »

Le vendeur a alors englouti six heures de son temps avec vous.

Le jeudi après-midi, vous arrivez seul et dites : « Bonjour, vous me remettez? J'aimerais acheter un réfrigérateur. » Le vendeur vous répondra sans sourire : « J'espère bien. » Vous poursuivez : « Écoutez... Je n'ai que 2 500 francs, plus une boîte d'allumettes, un stylo bille et un peu de monnaie. J'adore ce modèle. Est-ce qu'on ne pourrait pas s'arranger ? » S'il ne réagit pas immédiatement, vous faites mine de partir. Dans ce cas de figure, le vendeur vous retiendra-t-il? Certainement, car il s'est investi dans la situation et attend une récompense pour l'effort qu'il a fourni.

« Bon, ça suffit comme ça, c'est d'accord! » Pourquoi accepte-t-il votre : « C'est à prendre ou à laisser » (même si vous l'avez formulé différemment)? Parce que vous avez présenté votre ultimatum de manière à ce qu'il ne soit pas repoussé d'emblée. En effet, vous avez su le rendre acceptable en forçant le vendeur à passer un temps fou avec vous. En faisant intérieurement une analyse de rentabilité, il conclut : « J'ai perdu six heures avec ce débile! Mais au moins, je sais à quoi m'en tenir; Dieu sait sur qui je tomberai demain. »

LE GRIGNOTAGE

La tactique du « grignotage » fonctionne selon le même schéma. Peut-être le terme ne vous dit-il rien, mais à la lecture de ce qui suit, cela vous rappellera sûrement quelque chose.

Vous pénétrez dans un magasin très chic de confection pour hommes avec l'intention d'acheter un costume. Un de vos proches va se marier et vous souhaitez être bien mis pour la cérémonie. La largeur des revers de vestes variant d'une année sur l'autre, vous êtes très préoccupé par les nouvelles tendances de la mode. C'est la raison pour laquelle vous avez un centimètre en poche.

« Puis-je vous aider? » demande un vendeur.

« Oui, je crois », lui répondez-vous pensivement.

Pendant trois heures et demie, vous dérangez les rayons, sortez les costumes et mesurez avec soin les revers de vestes; le vendeur est obligé de rester près de vous car vous ne cessez de l'interroger sur les largeurs d'épaules, les rabats de poches, la coupe des manches et des poignets ainsi que le nombre de boutons. Vous répétez sans arrêt : « Est-ce que ça va rester longtemps à la mode? », et, à chacune de ses réponses, vous répliquez systématiquement : « Vous en êtes sûr? »

Après avoir examiné trente-neuf costumes et tâté soixante-dix-huit revers de vestes, juste au moment où le vendeur est sur le point de « craquer », vous annoncez : « Je crois que je vais prendre celui-ci... oui, celui avec les rayures très discrètes. »

Le vendeur laisse échapper un soupir de soulagement. Essayant de garder son calme, il murmure : « Si vous voulez bien me suivre » et vous conduit dans l'arrière-boutique où le tailleur fait les retouches. Vous retirez votre costume, enfilez celui que vous allez acheter et grimpez sur une petite estrade devant le miroir. Pendant ce temps, le vendeur, quelque peu apaisé, rédige la facture et calcule le montant de sa commission.

Tandis que vous vous dandinez d'avant en arrière sur votre estrade, un vieil homme, un peu voûté, avec des épingles plein la bouche et un centimètre autour du cou, s'agenouille près de vous. Il tire cinq épingles de sa bouche et les pique dans le tissu, marque des croix à la craie dans le fond du pantalon, puis commence à reprendre dix centimètres au niveau de l'entrejambe. Ce faisant, il bredouille avec un accent indéfinissable : « C'est un superbe costume, et vous le portez très bien. » Où que vous alliez ce type a toujours un accent, ou peut-être est-ce à cause des épingles qu'il a dans la bouche.

À ce moment-là, vous tournez la tête vers le vendeur et demandez mine de rien : « Quel genre de cravate allez-vous m'offrir avec ça ? »

Le vendeur arrête ses écritures et jette un coup d'œil au vieil homme qui relève la tête, ne sachant pas s'il doit continuer à mettre ses épingles et ses croix à la craie. Il lâche le tissu, l'entrejambe pend de dix centimètres.

C'est ce que l'on entend par « grignotage ».

Que se passe-t-il dans la tête du vendeur, une fois le premier mouvement de haine passé ? Il grommelle intérieurement : « Cet imbécile m'a fait perdre trois heures et demie. À cause de lui, je n'ai pas pu faire ma pause-café; j'ai mal aux bras à force de l'avoir aidé à enfiler des vestes, j'ai passé mon temps à le regarder mesurer des revers. Alors, qu'est-ce que je peux faire maintenant pour limiter les dégâts ? Une vente de 3 000 francs me laisse une commission de 400 francs. Pour sauver ces 400 francs, je n'ai plus qu'à offrir de ma poche une cravate à ce rigolo, en espérant qu'il ne reviendra jamais. »

Est-ce que vous aurez votre cravate ? Naturellement, mais peut-être pas la considération du vendeur; ça c'est une autre histoire. Il vous fera cadeau de cette cravate, non parce qu'il vous trouve sympathique, mais parce qu'il s'est beaucoup investi dans la vente du costume.

Ce « grignotage » aurait-il marché si le vendeur n'avait pas passé tant d'heures avec vous ? Non, le succès du grignotage dépend directement de la somme de temps investi. C'est pourquoi vous devez toujours amener votre interlocuteur à s'investir dans la situation. C'est aussi la raison pour laquelle il faut entamer toute négociation de façon conciliante, comme si vous aviez besoin d'aide.

« AIDEZ-MOI »

Agir comme si vous aviez besoin d'aide, c'est prendre le contre-pied de Monsieur Je-sais-tout. Qu'est-ce que j'entends par là? Regardez les grands patrons de l'industrie ou même les membres du gouvernement. Ils essayent, en toute circonstance, de se conformer à l'image impressionnante que l'on a d'eux.

Mais cette image n'est qu'un habile montage esthétique : une espèce de mélange de Robert Redford et de Yves Montand. Tempes légèrement argentées agrémentant une chevelure bien coiffée; mâchoire volontaire, un brin protubérante; voix profonde et sonore; poignée de mains plus qu'énergique; démarche virile et cadencée. Et il vous salue invariablement d'un : « Content de vous voir », sincère ou non.

Si vous réveillez ce grand patron d'opérette au milieu de la nuit, après une soirée bien arrosée, il sautera du lit en s'exclamant : « Bonjour, content de vous voir! »

Et, si vous lui demandez alors : « Dites-moi, monsieur, vous avez déjà eu un petit bouton sur le nez? », il vous répondra : « Hein? » Vous voyez bien, il ne sait même pas ce que c'est!

Ce modèle sonne complètement faux et ne présente aucun intérêt; ça ne sert à rien de marcher à grands pas, droit et digne, tout gonflé de son importance et de son érudition (et, en plus, c'est fatigant). Non vraiment, ça ne sert à rien de prétendre toujours tout savoir. Je dirai même plus; de temps en temps, cela peut être utile de dire, d'une façon ou d'une autre, qu'on ne sait pas et qu'on a besoin d'aide. Admettre que vous ne détenez pas toutes les réponses vous rend plus humain et incite les autres à être plus réceptifs à votre égard.

La Faiblesse en tant que Force

Dans une négociation, il vaut souvent mieux avoir l'air bête qu'intelligent car, dans de nombreux cas, une faiblesse peut en fait devenir un point fort. Entraînez-vous donc à dire à bon escient : « Je ne sais pas », « Je ne comprends pas », « Je suis complètement perdu » ou « Aidez-moi ».

Repensez à vos propres expériences avec des gens stupides. Que devient votre accumulation d'arguments sophistiqués et de données exhaustives, lorsque vous parlez à un demeuré qui ne comprend même pas où vous voulez en venir ? À l'évidence, vos moyens de persuasion sont inopérants.

Avez-vous déjà essayé de négocier avec quelqu'un qui a un défaut d'élocution ? Imaginez, par exemple, que j'essaye de négocier avec vous qui êtes bègue ou faites semblant de l'être. Je dirais : « Bon, qu'est-ce qui vous gêne pour conclure cette affaire ? »

Vous répondez : « Da... da... da... »

Et moi, j'enchaîne : « Restons calme, que voulez-vous dire ? »

Vous répétez : « Da... da... da... »

Je viens à votre rescousse : « D'abord ? »

Vous acquiescez de la tête.

Je continue : « D'abord quoi ? »

Et vous : « Le pr..., pr..., pr... »

Je suggère : « Le prix ? »

Vous acquiescez de la tête.

« Bien, et ensuite ? »

Vous répondez : « La qua..., qua..., qua... »

Et moi : « La qualité ? »

Vous acquiescez de la tête, et ainsi de suite.

Qu'avez-vous réellement dit ? Absolument rien. Et moi, qu'ai-je fait ? Rien moins que vous aider à présenter votre argumentation; j'ai investi du temps mais c'est vous qui prenez le contrôle de la situation.

Ma femme prétend que lorsque je m'adresse à un aveugle,

je hausse la voix. Pourquoi? Parce que, inconsciemment, j'essaye probablement de l'aider à voir!

Dans une négociation, une faiblesse peut en fait servir de levier. Supposons qu'une banque appelle un de ses gros clients pour lui faire part de son inquiétude au sujet d'un remboursement de prêt qui se fait attendre. Le débiteur répond : « Je suis content de vous avoir au téléphone, car, effectivement, notre situation financière s'est récemment dégradée. En fait, notre seule chance d'éviter la faillite, c'est que vous rapprochiez autant que possible le taux d'intérêt du taux de base, et que vous différiez le remboursement du capital pour au moins un an. » L'impuissance même du débiteur empêche le créditeur d'exercer son pouvoir et de marchander à son profit.

« On Ne Comprend Pas »

Lorsque l'on traite avec des étrangers, la barrière de la langue sert souvent de prétexte à une soi-disant mauvaise compréhension. Il y a quelques années, j'ai été très frappé par cette ruse mise en œuvre par trois hommes d'affaires japonais représentant la JAL (Japan Air Lines) au cours d'une réunion avec les dirigeants d'une société américaine.

Les Américains firent une présentation époustouflante de deux heures et demie avec transparents, tableaux sortis droit de l'ordinateur et projections d'images hollywoodiennes, le tout justifiant le prix demandé. J'y assistais et peux vous dire qu'on se serait cru à Disneyland.

Pendant tout ce spectacle, les trois Japonais étaient sagement assis sans piper mot.

Finalement, un des directeurs américains, visiblement plein d'espoir et d'autosatisfaction, ralluma la lumière et se tourna vers ses visiteurs toujours impassibles. « Eh bien, qu'en pensez-vous? »

Un des Japonais sourit poliment et répondit : « Nous n'avons pas compris. »

Le directeur devint tout blanc. « Comment ça vous n'avez pas compris? Mais *qu'est-ce que* vous n'avez pas compris? »

Le deuxième Japonais sourit poliment et répondit : « Tout. »

J'observais le directeur et crus qu'il allait avoir une attaque. « À partir de quel moment ? »

Le troisième Japonais sourit poliment et répondit : « Depuis le début. »

L'Américain s'adossa au mur, desserra sa belle cravate et parvint à articuler : « Bon, mais qu'est-ce qu'on peut faire maintenant ? »

Et les trois Japonais en cœur : « Vous pourriez tout recommencer ? »

Qui se moquait de qui ? Comment peut-on refaire entièrement une présentation de cette envergure avec encore un semblant d'enthousiasme et de conviction ? Il va de soi que le prix demandé par les Américains dégringola en beauté.

Moralité : ne soyez pas trop prompt à « comprendre » et à prouver votre intelligence dès le début d'une rencontre. Apprenez à poser des questions même si vous pensez connaître les réponses.

De plus, si vous êtes en contact avec des personnes qui demandent votre assistance, cela établit un climat de confiance bénéfique aux deux parties. Au minimum, vous amènerez l'autre camp à s'investir, ce qui ne peut que jouer en votre faveur.

La Recette de l'Ultimatum

Certaines des anecdotes précédentes nous ont donné des exemples d'ultimatums. On y recourt, en effet, fréquemment, que ce soit face à son enfant qui veut sortir tard avec ses amis, ou à un syndicat qui tire les ficelles d'une convention collective.

Pour que votre ultimatum réussisse, il doit respecter les quatre règles suivantes :

1. Votre interlocuteur ne doit avoir aucun autre choix, ou alors s'être tellement investi qu'il ne peut plus baisser les bras et partir. Par conséquent, un ultimatum ne doit intervenir

qu'en fin de négociation, jamais au début. On ne peut pas glacer un gâteau avant de l'avoir mis au four.

2. Les mots utilisés ne doivent jamais rabaisser ou offenser votre interlocuteur. Les ultimatums « durs », comme : « C'est à prendre ou à laisser » et « C'est ça ou rien » ne marchent pas. Seuls les ultimatums en douceur sont acceptables car ils se contentent d'exprimer un état de fait réel. Exemple : « Je comprends très bien votre situation. D'ailleurs votre proposition se tient tout à fait, mais je n'ai rien d'autre à vous offrir. C'est à vous de m'aider. »

3. Il est toujours bien venu d'appuyer votre dernière offre par un document qui officialise et légitime votre position. Exemple : « Ce que vous demandez est parfaitement normal. Je voudrais pouvoir vous l'accorder, mais mon budget ne me le permet pas. »

Si, à ce moment-là, vous pouvez produire le « document officiel », qui n'est qu'une succession de signes noirs sur du papier blanc, alors l'affaire est dans le sac. Tout aussi efficaces sont des petites phrases du type : « C'est en opposition avec les recommandations gouvernementales en matière salariale » ou « Le syndicat ne le permettrait pas » ou encore : « Ce serait aller contre la politique de la société. »

Même en l'absence de justification de cette nature, nous nous sommes tous laissés influencer par des déclarations telles que : « Mais tous mes copains y vont » ou « Si je vous l'accorde à vous, tout le monde me réclamera la même chose. »

4. Ménagez toujours une porte de sortie à votre interlocuteur. Ne déclarez jamais : « C'est ça ou rien! » Présentez plutôt la situation de manière à lui permettre de choisir l'option qui lui est le plus favorable, au moins comparée à l'autre terme de l'alternative.

Par exemple, admettons que je veuille vous engager dans ma société et que vous demandiez un salaire annuel de 300 000 francs, alors que je ne peux vous offrir que 200 000. Je ne dirai pas : « C'est ça ou rien » car c'est trop agressif. Je préférerai une formule du genre : « Ce que vous demandez est raisonnable compte tenu de vos capacités. Cependant, votre coefficient vous situe dans une catégorie de salaires qui va de 180 à 200 000 francs. Que préférez-vous ? »

À l'évidence, vous répondez « 200 000 ».

Je proteste légèrement, comme si vous tiriez trop avantage de la situation. « Pourrait-on s'arranger à 190 000 ? »

Vous répétez : « Non, 200 000. »

Je capitule en soupirant : « Bon d'accord, si c'est tellement important pour vous, allons-y pour 200 000. »

Cette technique fonctionne même dans des situations beaucoup plus dramatiques. En août 1977, des pirates de l'air croates détournèrent un avion de la TWA sur la ligne New York-Chicago. Pour essayer de gagner du temps, ils firent successivement route sur Montréal, Terre-Neuve, Shannon, Londres et atterrirent finalement à Roissy-Charles-de-Gaulle, où les autorités françaises tirèrent dans les pneus de l'avion.

Celui-ci resta immobilisé sur la piste pendant trois jours, au bout desquels la police française fit aux terroristes un ultimatum, que l'on peut paraphraser ainsi : « Écoutez... vous faites comme vous voulez. Mais la police américaine vient d'arriver, et si vous vous rendez, vous ferez de deux à quatre ans de prison aux États-Unis, ce qui, en réalité, veut dire que vous serez libres dans une dizaine de mois. »

Après une petite pause... « Mais si vous nous obligez à vous capturer par la force, vous serez condamnés à mort, selon les termes de la loi française. Maintenant, que choisissez-vous ? »

Croyez-moi si vous voulez, les pirates de l'air décidèrent de se rendre à la justice américaine.

Partie II

LES TROIS GRANDES VARIABLES

De l'irréel résulte l'impuissance,
Ce que nous ne pouvons concevoir,
nous ne pouvons le maîtriser.

Charles REICH

Dans la pièce d'Arthur Miller *Mort d'un commis voyageur,* il y a une scène très émouvante où le personnage pathétique de Willy Loman se tourne vers son frère qui a fait fortune pour lui demander : « Oh! Ben, comment as-tu fait? Quel est le secret? »

En fait, ce que demande Willy, en notre nom à tous – perdants ou gagnants –, c'est la recette pour gagner au grand jeu de la vie.

Si la vie est un jeu, alors la négociation est un style de vie. Et si vous voulez réussir, vous devez essayer de saisir l'ensemble des règles du jeu.

Au départ, ne pas perdre de vue la réalité, c'est-à-dire regarder les choses en face en évitant de porter un jugement. Il arrive trop souvent que les gens ne prennent en compte qu'un seul aspect de leur situation et se laissent aller à des jugements d'ordre moral. Évitez la subjectivité qui vous entraîne nécessairement à prendre vos désirs pour des réalités. Même si l'enjeu et les intervenants changent d'une négociation à l'autre, on retrouve toujours les trois mêmes ingrédients de base.

Représentez-vous mentalement cette scène : plusieurs hommes, au visage aussi impénétrable que possible, sont rassemblés autour d'une table dans une pièce enfumée, au plus profond de la nuit. Que font-ils ? Ils essayent de résoudre un problème en se livrant une bataille stratégique aux règles bien définies. Quel en est l'objet ? Cela peut se rapporter aussi bien à la politique, au poker... ou à n'importe quelle négociation.

En effet, quel que soit le domaine, le succès ne tient pas seulement aux atouts que vous avez en main; il vous faut encore analyser la situation afin de jouer les bonnes cartes au bon moment.

Même les plus brillants et les mieux placés progressent peu s'ils ne comptent pas avec les dures réalités auxquelles nous sommes tous soumis. En somme, si vous voulez obtenir un résultat – en politique, au poker ou dans toute négociation –, vous devez analyser, de façon réaliste, votre position ainsi que celle de votre adversaire en fonction de trois variables omniprésentes et étroitement liées :

1. **LE POUVOIR**
2. **LE TEMPS**
3. **L'INFORMATION.**

4.

LE POUVOIR.

Que vous pensiez être à la hauteur ou non,
Vous avez toujours raison.

Henry FORD

J'ai précédemment défini le pouvoir comme la capacité à faire faire des choses... à exercer un contrôle sur autrui, sur soi-même et sur les événements. Intrinsèquement, le pouvoir n'est donc ni bon ni mauvais; il n'est porteur d'aucune connotation morale.

Il n'est qu'un moyen pour aller d'un point à un autre. Disons que vous êtes actuellement en position A, et voulez aller en B (votre objectif) : c'est le pouvoir qui vous permet de vous déplacer de A en B, c'est-à-dire de modifier la réalité pour *atteindre* ce but.

Pourtant, le concept de pouvoir véhicule des images négatives. Pourquoi? Parce qu'il implique une relation maître-esclave, une domination de l'un sur l'autre. Mais cette condamnation globale n'est pas conforme aux réalités de la vie. Lorsque des gens bien informés se plaignent du pouvoir, c'est pour l'une des deux raisons suivantes :

1. Ils sont contre la façon dont le pouvoir s'exerce. Il est alors employé pour manipuler, contraindre ou dominer; c'est le pouvoir « sur » plutôt que le pouvoir « de ». Il y a donc bien abus de pouvoir.

2. Ils réprouvent le bùt du pouvoir. Or, si l'on considère, dès le départ, que l'objectif est mauvais, aucun moyen, même le mieux approprié, ne rendra cette fin acceptable.

Hormis ces deux cas de figure, je ne vois pas ce que l'exercice du pouvoir a de critiquable. Le pouvoir ne doit jamais être une fin en soi, mais un moyen d'atteindre son objectif. Si nous séparons le pouvoir de son but, il n'est qu'une force neutre comme l'électricité ou le vent. Seuls, les buts peuvent être bons ou mauvais. Nous savons bien que l'électricité n'est pas entièrement nuisible, sous prétexte qu'il arrive que quelqu'un s'électrocute. Parallèlement, même s'il y a parfois des ouragans, l'air n'est pas qu'une force du mal; avant tout il circule dans nos poumons et nous permet de vivre. De la même manière, nous avons besoin de pouvoir pour nous protéger et nous assurer que nous sommes maîtres de notre vie.

Vous avez beaucoup de pouvoir; utilisez-le pour atteindre intelligemment des buts qui vous sont importants. Vous vous devez à vous-même de ne pas mener votre vie en fonction de l'avis des autres.

Si vous êtes témoin d'une injustice, vous avez le pouvoir de réagir. Et, si vous vous en abstenez, parce que vous vous croyez impuissant, vous vous sentirez sûrement frustré et minable.

Dans notre société, lorsque des individus ont l'impression de ne pas pouvoir se manifester en tant qu'êtres humains, cela nuit à l'ensemble de la communauté. Les gens « impuissants » deviennent apathiques et se laissent aller, ce qui signifie que d'autres doivent les prendre en charge; ou alors, ils deviennent agressifs et essayent de détruire un système qu'ils ne comprennent pas ou qu'ils pensent ne pas pouvoir maîtriser. Ce type d'attitude est très répandu et s'exprime, dans nos sociétés, notamment par une baisse de productivité et une violence aveugle.

Lynette Fromme, qui tenta d'assassiner le président Ford, est un exemple de ceux qui tombent dans l'agressivité. Lors de son arrestation, elle expliqua que : « Quand votre entourage vous traite comme un enfant et n'écoute pas ce que vous avez à dire, alors il faut absolument faire *quelque chose.* »

Dans son cas, le « quelque chose » était un geste de psychopathe, voué à l'échec. L'idée qu'elle se faisait d'elle-même était à mille lieues de la réalité. Elle n'avait pas compris qu'elle disposait d'autres moyens de s'exprimer, parfaitement admis par la société et la loi. Elle ne se rendait pas compte qu'un acte criminel est pratiquement toujours un abus de pouvoir.

Par essence, le pouvoir est neutre : c'est un moyen, pas une fin. C'est même un moyen indispensable pour conserver un bon équilibre mental et vivre harmonieusement en société.

Permettez-moi maintenant d'illustrer ma théorie selon laquelle vous avez du pouvoir, si vous avez conscience d'en avoir. Imaginez un prisonnier seul dans un cachot. On lui a retiré lacets et ceinture, afin qu'il n'attente pas à ses jours. Le misérable fait les cent pas en traînant les pieds dans sa cellule et tient son pantalon de la main gauche... pas seulement parce qu'on lui a pris sa ceinture, mais parce qu'il a perdu dix kilos. La tambouille qu'on lui pousse sous la porte est liquide, et il refuse d'y toucher. Tout à coup, il reconnaît l'odeur d'une Marlboro, sa marque préférée de cigarettes.

À travers une minuscule ouverture dans la porte, il observe le gardien qui aspire de longues bouffées, puis souffle la fumée avec délectation. Pris d'une envie folle de fumer, le prisonnier frappe quelques coups respectueux à la porte.

Le gardien vient dans sa direction et grogne avec mépris : « Qu'est-ce que tu veux ? »

Le prisonnier répond : « J'aimerais une cigarette, s'il vous plaît... Une des vôtres, une Marlboro. »

Le gardien perçoit, à tort d'ailleurs, le prisonnier comme impuissant, aussi lui rit-il au nez en tournant les talons.

Le prisonnier, lui, se voit différemment. Il est conscient d'avoir d'autres moyens d'action, et accepte de mettre ses suppositions à l'épreuve et de prendre des risques. Aussi tape-t-il à nouveau à la porte, mais cette fois de façon autoritaire.

Le gardien, irrité, tourne la tête dans un nuage de fumée : « Qu'est-ce que tu veux encore ? »

Et le prisonnier répond : « Je te laisse exactement trente secondes pour me donner une cigarette. Sinon, je vais me taper la tête contre le mur jusqu'à ce que je m'écroule dans une mare de sang. Quand on viendra me relever, je jurerai que c'est toi qui m'as mis dans cet état.

Bien sûr, ils ne me croiront pas, mais pense à toutes les audiences, à toutes les commissions auxquelles tu devras comparaître et témoigner, aux rapports à rédiger en trois exemplaires, à toutes ces tracasseries administratives, tout ça contre une petite Marlboro! Juste une cigarette, et je te fous la paix. »

À ce moment-là, est-ce que le gardien lui glisse une cigarette sous la porte? Oui, et, en plus, il la lui allume. Pourquoi? Parce qu'il s'est livré à une rapide analyse de la situation en termes de rentabilité.

Quelle que soit votre situation, vous avez de bonnes chances d'être en meilleure posture que ce prisonnier. Et pourtant, il voulait une Marlboro et il l'a obtenue. *En bref, vous pouvez obtenir exactement ce que vous voulez à condition d'être conscient de vos moyens de pression, de mettre vos suppositions à l'épreuve, de prendre des risques intelligemment calculés et basés sur des informations fiables, et, bien sûr, de penser détenir le pouvoir.*

La recette est très simple. Soyez absolument convaincu d'avoir le pouvoir, et les autres en seront également persuadés. C'est vous qui déterminez leur façon de voir, de penser et donc leurs réactions à votre égard.

Autrement dit, il suffit que les autres croient que vous êtes susceptible de les aider ou de leur nuire volontairement pour que vous ayez du pouvoir sur eux. Comme la charité, le pouvoir bien ordonné commence par soi-même.

À propos de pouvoir qui commence par soi-même, vous vous rappelez le film *Le Magicien d'Oz?* Eh bien, il y a un personnage qui exerce un énorme pouvoir : le Grand, le Tout-Puissant Magicien. Il pousse Dorothée et ses amis à faire des extravagances pour voler le balai de la méchante sorcière. Ils obéissent, au péril de leur vie, parce qu'ils croient à la puissance du Magicien.

À la fin du film, lorsque Toto, le chien, tire le rideau, que découvre-t-on? Le Magicien n'est qu'un drôle de bonhomme, avec pour tout bagage une machine à vapeur et un sifflet. En fait, ce vieux type n'avait rien de miraculeux, mais il exerçait tout de même un énorme pouvoir, car il avait réussi à faire croire à tout le monde qu'il était tout-puissant. Jusqu'au dénouement, la perception de tous les personnages se fonde sur l'image que le Magicien donne de lui-même.

Contrairement au Magicien, *vous n'avez pas besoin de vous inventer un pouvoir imaginaire. Vous avez sous la main plus de façons d'exercer le pouvoir que vous ne croyez.*

1. Le pouvoir par la concurrence

Dès que vous arrivez à faire entrer en concurrence plusieurs personnes qui veulent la même chose, alors les enchères montent. Si l'on reprend l'exemple du réfrigérateur, plus il y a de gens qui veulent votre argent, et plus votre pouvoir d'achat augmente.

Ce principe ne s'applique pas seulement aux biens et services si vous êtes vendeur – ou à l'argent si vous êtes consommateur – mais aussi aux idées. Supposons que je sois votre supérieur et que vous débarquiez dans mon bureau en disant : « Herb, j'ai une idée fantastique... un nouveau concept qui vaut vraiment quelque chose! » Si je vous demande si vous en avez déjà discuté avec quelqu'un d'autre, et que vous me répondez : « Oui, j'en ai parlé avec d'autres directeurs, mais ils n'avaient pas l'air très emballés », est-ce que cela accroît la valeur de votre idée à mes yeux? Non, au contraire; votre idée est dévaluée parce que les autres n'en veulent pas. En revanche, si vous me dites : « Oui, j'ai abordé le sujet avec certains de vos collègues qui souhaitent en savoir plus car ils ont trouvé ça formidable », j'enchaînerai immédiatement par : « Fermez la porte, asseyez-vous et racontez-moi tout », car, en créant la concurrence, vous avez donné plus de valeur à votre idée.

Toujours à propos du pouvoir par la concurrence, est-il plus facile de trouver un emploi quand on est encore en poste ou quand on est au chômage? La réponse coule de source : quand on est en poste.

Par exemple, vous vous présentez à un rendez-vous d'embauche. Pour une raison quelconque, vous vous êtes arrêté de travailler pendant un an. Je regarde votre curriculum vitae et demande poliment ce que vous avez fait au cours des douze derniers mois.

Vous vous éclaircissez la voix et articulez : « Pas grand-chose; un peu de consulting par-ci, par-là. »

Je réponds : « Merci, je ne manquerai pas de vous recontacter. »

Parce que vous êtes inquiet, vous perdez votre sang-froid et ne pouvez vous empêcher de lâcher : « Mais quand ? Pouvez-vous me donner une date ? »

Je présume alors que votre inquiétude vient du fait que vous n'avez pas d'autre proposition et je me dis aussitôt : « Est-ce qu'il est vraiment bon si personne ne veut de lui ? » Je souris vaguement en répondant : « Notre service vous écrira prochainement. »

Vous vous mordez la lèvre et murmurez : « Mais quand ? »

Quant à moi, j'essaye de sourire plus aimablement, tout en pensant : « Qu'est-ce que ça peut bien faire ? De toute façon, je ne l'engagerai pas. »

Toujours dans le même ordre d'idée, vous avez besoin d'un prêt, mais vous êtes bien conscient que, par les temps qui courent, vous n'êtes pas le seul à manquer de liquidités.

Est-ce que les banquiers se pressent à votre porte pour faire des offres de service ? Non.

En fin de compte, après avoir beaucoup lanterné, vous rassemblez votre courage et allez vous présenter à une banque du quartier. Est-ce une bonne politique de venir, à genoux, au guichet des prêts en disant en substance : « Aidez-moi, je vous en prie. Je suis ruiné. Sauvez ma famille des horreurs de la faillite. Je n'ai aucune garantie et ne pourrai vraisemblablement pas vous rembourser, mais vous serez récompensé de votre générosité dans un autre monde ? » Non, ce genre de discours ne marche pas.

Voici la démarche adéquate : Si vous êtes un homme, portez un costume trois pièces sombre; si vous êtes une femme, un tailleur strict BCBG. Arborez ostensiblement une montre en or très chère. Faites-vous accompagner de trois personnes de votre entourage, habillées dans le même style. Arpentez la banque, en émettant des ondes qui diront à peu près : « Salut tout le monde! Je suis un type important. Ne vous approchez pas de moi avec votre argent qui pue. Je n'en ai nul besoin. Je vais juste déposer une lettre! » Faites ça et vous verrez que le responsable des prêts vous suivra comme un petit chien.

C'est ce que j'appelle La Théorie d'Acquisition de l'argent de Bert Lance. Vous vous rappelez Bert Lance? Il fut responsable du budget fédéral sous la présidence de Jimmy Carter. En utilisant la ruse : « Ne vous approchez pas de moi avec votre argent qui pue », il réussit à convaincre quarante et une banques de lui accorder trois cent quatre-vingt-un prêts représentant un montant total de vingt millions de dollars. *Vingt millions de dollars!* Pourquoi les banques se sont-elles fait concurrence pour prêter de pareilles sommes à Lance? Pour trois raisons :

1. Parce que d'autres banques lui prêtaient de l'argent, ce qui signifiait qu'il présentait des garanties de premier ordre.
2. Parce que tous les banquiers pensaient qu'il n'avait pas besoin d'argent. Avec son air blasé, il donnait l'impression de n'avoir aucun souci matériel, et son attitude laissait à penser qu'il faisait une faveur aux banques en daignant leur emprunter de l'argent.
3. Surtout, parce qu'il était évident qu'il avait d'autres alternatives, qu'il a d'ailleurs utilisées jusqu'à la corde. Il pouvait obtenir un prêt de n'importe quelle banque, faisant sa sélection comme bon lui semblait. Ceci déchaîna une concurrence féroce entre les banquiers.

Dès que ces mêmes banquiers apprirent que Lance était aux abois et avait besoin de nouveaux prêts pour rembourser les précédents, la manne se tarit.

Le point important ici, c'est que Lance sentait qu'il avait le choix : il capitalisa sur toutes les possibilités offertes et profita de la concurrence qu'il avait engendrée. Dans la mesure du possible, faites toujours de même. Et, surtout, *n'entamez jamais une négociation sans avoir de solution de rechange.* Sinon, votre interlocuteur vous prendra à la légère, exactement comme on l'a vu dans les exemples ci-dessus.

2. Le pouvoir par la légitimité

Une autre facette du pouvoir dont vous disposez est le recours à la légitimité.

Dans notre société, les gens sont conditionnés à considérer avec respect et crainte tout ce qui est imprimé; livres et journaux, formulaires et panneaux véhiculent une certaine autorité que la plupart d'entre nous n'ont pas l'habitude de remettre en question.

Moi, je vous dis tout net que la légitimité peut se discuter et être mise à l'épreuve. J'irai même jusqu'à vous conseiller d'invoquer le pouvoir de la légitimité lorsque cela sert vos intérêts, et de le mettre au défi lorsque vous êtes de l'autre côté de la barrière.

Ce que je viens de dire est si important que cela vaut la peine d'être répété : *la légitimité peut être discutée et mise à l'épreuve. Utilisez le pouvoir de la légitimité quand ça vous rend service, et n'hésitez pas à le remettre en cause si cela est plus avantageux pour vous.*

Voici un exemple de *remise en cause* de la légitimité : il y a trois ans, je fus convoqué par le fisc qui voulait vérifier ma déclaration de revenus. En effet, j'avais acheté un immeuble et calculé l'amortissement sur vingt ans. Or, l'inspecteur des impôts prétendait que cet immeuble devait être amorti sur trente ans. Pendant l'entretien, je maintins ma position, car je voulais être cohérent avec le contenu de ma déclaration.

L'inspecteur marmonnait : « Amortissement sur trente ans! »

Et moi, je marmonnais : « Amortissement sur vingt ans! »

D'un air renfrogné, il saisit un livre dans un tiroir de son bureau et le feuilleta. « Tenez », grogna-t-il : « C'est écrit ici : trente ans! »

Je me levai, fis le tour du bureau, étudiai la page en question, puis demandai innocemment : « Est-ce que ce livre parle spécifiquement de moi et de mon immeuble? »

Il répondit : « Bien sûr que non! »

Je repris : « Dans ce cas, ça ne me concerne pas », et, pour bien me faire comprendre, je commençai à déranger tous les livres de sa bibliothèque.

Il protesta : « Mais que faites-vous donc ? »

Et moi : « Je cherche mon livre, celui qui parle de moi et de mon immeuble. »

L'inspecteur poursuivit : « Allons, remettez-moi tout ça sur les étagères; vous ne pouvez pas discuter avec ce livre! »

« Et pourquoi non ? » demandai-je.

Il fit une grimace : « Parce que ça ne s'est jamais fait! »

Je souris en répondant : « Eh bien, permettez-moi d'être le premier! »

Ce livre que j'avais réussi à défier, qu'était-ce exactement? Un texte de loi voté par le Congrès? Non. Un décret de l'Au-Delà? Non. C'était un simple document issu des services fiscaux, le fruit d'une négociation entre technocrates sur l'interprétation d'une réglementation, qui était elle-même le résultat d'une autre négociation. Puisque ce texte était le produit d'une négociation, son contenu était négociable.

Voici maintenant un exemple *d'utilisation* du pouvoir de la légitimité. Dans son émission télévisée *Candid Camera* *, Allen Funt remporta, pendant des années, un grand succès populaire en montrant les effets incroyables que peut avoir la légitimité sur l'ensemble de la population, indépendamment du sexe, de la culture ou du niveau social. Pour l'un de ses épisodes, il ferma l'État du Delaware pendant une heure et demie. Comment? Simplement, en installant sur l'autoroute un grand panneau qui disait :

FERMETURE DU DELAWARE

Des files entières de voitures s'immobilisèrent, les conducteurs sortirent demander à Flunt ce qui se passait dans le Delaware.

Lui se contentait de montrer le panneau du doigt en disant : « Vous voyez bien ce qui est marqué. »

Les automobilistes fronçaient les sourcils, se grattaient le crâne ou se mordillaient les lèvres. L'un d'eux demanda : « Vous pensez que ça rouvrira quand? J'ai toute ma famille là-bas, moi. »

* L'équivalent de notre « caméra invisible » *(N.d.E.)*.

À l'évidence, la légitimité est extrêmement puissante dans notre société.

Remuez-vous les méninges, et vous verrez que le goût du risque l'est tout autant.

3. Le pouvoir par le risque

Pour bien négocier, vous devez être prêt à prendre des risques, ce qui implique à la fois courage et bon sens. Si vous ne le faites pas, la partie adverse vous manipulera. Comme disait Flip Wilson : « Pour gagner le gros lot, encore faut-il jouer. »

Un dénommé Smith vint me voir à la fin d'une de mes conférences pour me dire : « Herb, je suis content d'être venu vous écouter. J'ai un problème : nous sommes sur le point de déménager et nous venons juste de trouver une maison dont nous sommes fous. C'est vraiment la maison de nos rêves. »

Je le regardai : « Et alors ? »

Il poursuivit : « Et alors... Le vendeur en demande 150 000 dollars, et je ne peux payer que 130 000. Comment faire baisser le prix de 20 000 dollars ? Donnez-moi un tuyau. »

Je lui demandai : « Que se passerait-il si vous n'arriviez pas à acheter cette maison de rêve ? »

Il répliqua : « Vous plaisantez ? Je crois que ma femme se tuerait et que mes enfants partiraient. »

Je murmurai ensuite : « Hum! Dites-moi... Vous vous entendez comment avec votre femme et vos enfants ? »

Sa réaction fut immédiate : « Voyons, Herb, je les adore! Je ferai n'importe quoi pour eux! Il *faut* faire baisser le prix, c'est tout! »

Devinette : est-ce que Smith a payé la maison de ses rêves 130 000 dollars ou 150 000 dollars ? Gagné! Il a bel et bien payé 150 000 dollars. Compte tenu de son attitude, il a encore eu de la chance de ne pas la payer 160 000! Cette maison représentait tant pour lui, qu'il était incapable de prendre le moindre risque. Il se faisait trop de soucis (moralité : faites-vous du souci, mais jamais à ce point) et ne pouvait se permettre aucun doute, (« peut-être y a-t-il une autre maison qui pourrait nous plaire... »), doute susceptible d'amener le vendeur à baisser son prix. Il y tenait comme à la prunelle de ses yeux et ne pouvait pas laisser tomber, faute d'avoir d'autres pistes. Résultat : il a payé le prix fort. Rappelez-vous bien ceci : quand vous donnez l'impression de vouloir absolument quelque chose, alors vous payez le maximum. Vous vous mettez dans une position où votre interlocuteur vous manipule facilement.

Prendre des risques intelligemment implique que l'on sache calculer les « probabilités », et que l'on ait une force morale suffisante pour encaisser un échec sans se lamenter. Il est clair que l'éventualité d'un revers est le prix à payer pour aller de l'avant.

Quand je dis qu'il faut être prêt à prendre des risques, je ne suis pas en train de vous inciter à faire quelque chose d'aussi idiot que de jouer toutes vos économies à la roulette. Je ne vous pousse pas à tenter une chance qui pourrait vous donner envie de vous trancher les veines au cas où la roue de la fortune ne s'arrêterait pas sur le bon numéro. Non, je me contente de vous suggérer de prendre des risques mesurés, c'est-à-dire des risques dont vous pouvez assumer les conséquences, même si elles vous sont défavorables.

Je vais vous donner un exemple de calcul des probabilités, puis un conseil concernant la gestion des risques. Au cours de mes conférences sur la négociation, il y a un moment où je me tiens devant mon auditoire avec une pièce de monnaie en main et je dis : « Je vais jouer à pile ou face et ne lancerai la pièce qu'une seule fois. Si vous pariez juste, je vous donne un million de dollars. Et, si vous vous trompez, vous me donnez cent mille dollars. En admettant qu'il ne s'agisse pas d'une plaisanterie, combien d'entre vous relèveraient le pari ? »

Normalement, personne ne lève la main. Alors, je lance la pièce, la regarde et la glisse dans ma poche. Puis, je fais le commentaire suivant : « Je vais vous dire ce qui s'est passé dans vos têtes pendant que je faisais cette proposition. Vous vous êtes dit : Ce type est peut-être un as de la négociation, mais, en statistiques, il est assez nul ! »

Le public, dans son ensemble, hoche la tête en signe d'acquiescement. Je poursuis : « Pensiez-vous gagner ? Étiez-vous en train d'imaginer ce que vous feriez avec un million de dollars ? De mettre sur pied quelque échappatoire fiscale avant de filer à Tahiti ? Non, vous ne pensiez qu'à l'hypothèse où vous perdriez, et vous vous demandiez : " Où vais-je trouver cent mille dollars ? Je suis un peu juste ces temps-ci. " »

Quelques rires nerveux dans la salle. Je continue : « Je vois très bien certains d'entre vous rentrant à la maison ce soir. Votre femme vous accueille en disant : " Quoi de neuf aujourd'hui ? " et vous lui répondez : " Eh bien, il y avait ce type qui jouait à pile ou face... Au fait, qu'est-ce qu'il nous reste ce mois-ci ? Il y a un peu de liquide qui traîne ? " »

L'assistance a raison de ne pas relever cette gageure. Le degré de risque acceptable pour chacun est proportionnel à sa fortune. S'il y avait eu un milliardaire dans la salle, il aurait pu se prêter au jeu. J. Paul Getty ou Howard Hughes n'y auraient pas réfléchi à deux fois. Le vieux dicton « L'argent va à l'argent », est toujours vrai.

Être riche permet d'exploiter des opportunités favorables, car le risque encouru reste modéré. Lorsqu'elle perd, une personne riche hausse simplement les épaules et s'exclame : « La belle affaire ! »

Supposez maintenant que je remplace les enjeux par des sommes plus raisonnables, disons cent dollars contre dix. À ce moment-là, est-ce que quelqu'un accepterait de parier ? Oui, pratiquement tout le monde, car le risque est en proportion avec le portefeuille de tout un chacun.

Et pourtant, le rapport entre les deux montants reste constant, mais la perspective d'une perte écrasante a disparu. La plupart d'entre nous peuvent supporter de perdre dix dollars sans broncher, pour cent mille dollars, ce n'est pas la même histoire.

Même en ne réduisant pas les termes du pari, les membres de l'assistance peuvent maîtriser le risque en se le répartissant. C'est-à-dire si chacune des mille personnes présentes met cent dollars dans une cagnotte, et que leur représentant gagne le pari, alors les mille personnes se partageront le gain d'un million de dollars. Ceci éclaire l'équation d'un jour nouveau : les 50 % de chances de perdre ne concernent qu'une somme de cent dollars, ce qui est assez désagréable, mais pas complètement désastreux. Mais, et c'est là l'argument décisif, les 50 % de chances de gagner impliquent, pour chacun, un rapport appréciable de mille dollars.

En conclusion, lorsque l'enjeu est important, pensez toujours à partager le risque couru. Ainsi, vous désamorcez et répartissez le risque, ce qui vous place dans une situation plus confortable où les probabilités jouent en votre faveur.

En faisant participer les autres, vous élargissez vos horizons et pouvez jouer plus longtemps. Que ce soit au poker ou à la Bourse, votre position est plus forte si votre capital est considérablement supérieur à celui de vos adversaires.

Sur ce chapitre du risque, je vous encourage donc à prendre des risques modérés, dans des conditions optimales et non de « tenter le diable ». Et, avant toute chose, calculez bien si le bénéfice potentiel vaut le coup d'un échec éventuel. Soyez rationnel, ne cédez pas à vos impulsions : fierté, impatience ou envie d'en finir sont très mauvaises conseillères.

4. Le pouvoir par l'engagement

Comme je viens de le démontrer, s'associer avec un grand nombre de personnes permet de minimiser les risques et donc d'exploiter favorablement les opportunités qui se présentent. Il serait sage de recourir à cette pratique dans toute entreprise dont l'issue est incertaine.

Par exemple, si vous êtes sur le point de vous lancer dans une affaire importante et risquée, vous ne faites pas le tour de votre famille et de vos relations professionnelles en proclamant : « C'est *mon* idée! *Ma* proposition! Si ça se passe mal, j'en supporterai seul les conséquences. » Non, c'est complètement fou. Vous leur dites plutôt : « On est tous dans le même bateau. »

En bref, ne vous aventurez pas seul sur une branche qui peut être sciée à tout moment, pour être soit le héros d'aujourd'hui, soit le zéro de demain. Persuadez les autres de vous aider; associez-les au processus de décision et ils assumeront leur part du fardeau. Rappelez-vous bien que les gens soutiennent ce qu'ils ont contribué à mettre sur pied.

Ce principe vous servira de trois façons :

1. En répartissant le risque global, vous pourrez profiter de toute situation propice.
2. Puisque vos partenaires partagent l'inquiétude générale et vous apportent leur soutien, votre niveau de stress diminue.
3. La solidarité qui unit votre groupe renforce votre pouvoir face à la partie adverse.

Votre aptitude à gagner l'engagement des autres amplifie le poids de vos paroles, et vous donne du pouvoir. À l'inverse, lorsque l'autre camp perçoit que votre équipe n'est pas soudée, cela sape vos positions; c'était très clair dans l'exemple du réfrigérateur, où vous-même, votre épouse et vos enfants transmettaient des signaux contradictoires au vendeur.

Autre exemple : imaginons que vous et quatre de vos collègues êtes sur le point de négocier avec les représentants d'une autre société. En vous installant autour de la table, il vous semble évident que les membres de votre équipe partagent votre opinion. Or, dès le début de la discussion, l'un d'eux fait une concession inattendue que vos concurrents entérinent aussitôt.

Ce geste généreux ou révélateur, qui n'était pas du tout prévu, déséquilibre votre position. Sous le coup, vous commencez à penser que votre société a été infiltrée par un espion. Vous êtes tellement énervé qu'à la première pause-café, vous marmonnez avec irritation au traître : « Vous êtes sûr d'être de *notre* côté ? J'aimerais bien savoir pour le compte de qui vous travaillez! »

Ceci démontre que vous n'avez pas réussi à impliquer vos collaborateurs avant le début de la réunion. Moralité : dans toute entreprise, il faut faire en sorte que les autres s'engagent à vos côtés. Faites-les participer à l'action, de façon à ce que ce soit autant leur problème que le vôtre. L'implication entraîne l'engagement qui entraîne le pouvoir.

À une plus grande échelle, vous savez bien que lorsqu'un groupuscule refuse de collaborer avec la police locale, c'est l'ensemble de la communauté qui en pâtit. Les banques s'effondrent en même temps que la confiance du public disparaît. Les armées sont inefficaces si chaque soldat n'est pas convaincu de se battre pour une bonne cause. La défaite américaine au Vietnam s'explique par l'érosion du soutien populaire, qui a réussi à infléchir la politique du président Nixon. En effet, le retrait des troupes n'a fait qu'officialiser une décision prise par une majorité de gens qui militaient en faveur de la paix.

Si l'on en revient au fait que vous n'avez jamais besoin de vous inventer un pouvoir imaginaire, car vous avez sous la main plus de façons d'exercer le pouvoir que vous ne pensez, en voici des preuves supplémentaires.

5. *Le pouvoir par la compétence.*

Avez-vous déjà remarqué que lorsque les autres ont l'impression que vous avez plus d'expérience, plus de savoir ou de compétence qu'eux dans un domaine, ils vous traitent avec déférence, voire crainte. Je vais vous en donner quelques exemples.

D'abord, un exemple véridique : pendant la Seconde Guerre mondiale, le général Patton commandait le premier débarquement allié en Afrique. Patton était l'homme le plus narcissique de tous les temps. Il croyait tout savoir sur *tout*, de la poésie à la balistique. Et, cependant, il acceptait humblement tous les conseils du barreur de son vaisseau amiral. Pourquoi? Parce que Patton savait que ce barreur avait une compétence supérieure à la sienne.

Autre exemple, imaginaire celui-là : Vous avez décidé de redécorer votre maison, ou votre appartement. Vous pensez à un certain papier peint, mais n'êtes pas sûr qu'il ira bien avec le mobilier. Vous faites donc appel à une décoratrice d'intérieur réputée, dont les réalisations ont été publiées par un magazine très chic. Elle vous conseille un tout autre papier car celui de votre choix lui semble totalement passé de mode. Vous suivrez son avis sans hésitation. Pourquoi? Parce que, compte tenu de l'importance de ses honoraires, vous présumez qu'elle a un savoir-faire et un sens du goût dont vous êtes dépourvu.

Second exemple imaginaire : Vous avez horriblement mal au ventre, et votre médecin de famille vous adresse à un spécialiste. Après avoir énuméré vos antécédents à une infirmière, vous vous apercevez que vos symptômes actuels ressemblent étrangement à ceux que vous aviez ressentis, trois ans auparavant, lorsque votre vésicule biliaire avait fait des siennes. Après les analyses d'usage et un examen rapide, on vous fait pénétrer dans une pièce tapissée de diplômes et de certificats (quatorze si vous avez bien compté). L'interne arrive et vous livre son diagnostic : vous avez une diverticulite.

On vous remet un imprimé en vous demandant si vous avez des questions. Vous répondez par la négative, et, avant même de vous en rendre compte, vous êtes à la réception en train de prendre un nouveau rendez-vous. Même si vous n'êtes pas capable de prononcer ou d'écrire le nom de votre maladie, vous savez que « vous l'avez ». Pourquoi ? Simplement, parce que personne ne pourrait mettre en doute le diagnostic d'un spécialiste bardé de diplômes et de références.

Permettez-moi de vous expliquer comment utiliser, en situation de négociation, ce sentiment d'acceptation et de crainte – dérivant, en partie, de l'aura mystérieuse et magique qui entourait les sorciers guérisseurs dans les sociétés primitives. Vous pouvez compter sur le pouvoir de la compétence, car, aujourd'hui, toute spécialisation inspire le respect.

Comme vous le savez, rares sont ceux qui discutent les verdicts des comptables du Trésor, des médecins, des garagistes, des gardes des Sceaux, des informaticiens, des agents de change, des chercheurs, des professeurs, des généraux ou des plombiers. Et pourquoi ? Parce que, d'une certaine manière, nous sommes convaincus qu'ils en savent plus long que nous dans leur domaine.

Voici ce qu'il faut faire si vous voulez aussi vous présenter comme un expert. Dès le début d'une rencontre, faites savoir que vous êtes de la partie. Ainsi, on ne sera peut-être même pas tenté de vous mettre à l'épreuve. En d'autres termes, n'oubliez pas que, dans des négociations compliquées, les participants manquent souvent de données techniques sur certains aspects du sujet.

Et, dans la mesure du possible, ayez véritablement le savoir-faire dont les autres vous créditent. Préparez-vous bien à l'avance. S'il vous importe de gagner une négociation, cela vaut la peine de passer du temps à creuser la question (creusez toujours un sujet avant d'en parler savamment).

Mais, si vous n'avez pas acquis suffisamment de connaissances, ne vous fiez pas trop à la chance; contentez-vous de quelques commentaires incisifs, lancez deux ou trois mots dans le jargon des spécialistes, puis taisez-vous.

Le plus important, c'est de rester modeste. De nos jours, « les connaissances ne se conservent pas plus longtemps que le poisson » (ce qui ne fait pas très long, même au réfrigérateur), il est donc impossible d'être spécialisé en tout. D'une façon générale, la seule compétence indispensable à toute négociation, c'est la capacité de poser les bonnes questions, et de déterminer si les réponses sont satisfaisantes.

Que faire si vous vous sentez dépassé parce que la partie adverse s'est adjointe un expert qui a écrit deux articles et une monographie sur le sujet? Pas de problème, monopolisez vos propres ressources (parents, amis, voisins...) et trouvez-vous un autre expert qui compte à son actif *trois* articles, deux monographies et un livre sur le sujet. Ainsi, vous aurez plus que neutralisé votre adversaire.

Lorsque vous êtes confronté au « Spécialiste » de l'autre côté de la table, ne paniquez pas. Rappelez-vous que si l'autre camp n'avait pas besoin de vous ou de ce que vous avez à vendre, la réunion n'aurait pas lieu. Entraînez-vous à dire de temps en temps : « Je ne comprends pas. Ça fait trois minutes que je ne vous suis plus » ou « Vous pouvez traduire pour les profanes? » Une pincée d'insolence, plus un zeste d'innocence, mélangés à une insistance polie et une panoplie de questions pertinentes viennent bien souvent modifier le comportement dudit expert.

6. *Le pouvoir par la connaissance des « besoins »*

Dans toute négociation, il y a deux choses à prendre en compte :

1. Les enjeux spécifiques qui sont ouvertement communiqués.
2. Les *besoins réels* de la partie adverse, qui ne sont, eux, que rarement formulés.

Je vais essayer d'expliquer cette distinction, en reprenant l'exemple du réfrigérateur de Darty. Supposons que vous soyez au rayon électroménager et disiez au vendeur : « Écoutez... Si vous me laissez le modèle à 2 750 francs pour 2 500 francs, je vous paye tout de suite en liquide! »

Est-ce que cette approche sera efficace chez Darty? Non, car cette proposition ne coïncide pas avec les besoins réels de la structure qui est en face de vous. Pourquoi? Vous savez bien que c'est plus une institution financière qu'un magasin de détail. Ils préféreront donc vous faire payer la totalité du prix et toucher un intérêt de 18 % sur le crédit qu'ils vous consentiront.

Mais, cette méthode peut marcher ailleurs. Si vous vous présentez chez un détaillant de quartier qui connaît des difficultés de trésorerie, il sautera sur l'occasion avec joie. De plus, qui sait s'il déclarera cet argent au fisc?

Chacun a des besoins différents. Darty n'a pas besoin de votre argent liquide; en revanche, un petit commerçant oui. *Si vous pouvez faire une supposition raisonnable sur les besoins de quelqu'un, alors vous pouvez prédire, avec une grande certitude, le résultat de toute proposition.*

Ne perdez jamais de vue que, derrière toutes les organisations et institutions aussi impersonnelles soient-elles, se cachent des individus qui essayent par tous les moyens de satisfaire leurs propres besoins. Pour réussir à influencer qui que ce soit et dans n'importe quelle circonstance, il vous suffit de déterminer ses besoins puis d'y répondre. Ainsi, lorsque, au cours d'une négociation, on vous dit : « Je ne peux pas descendre plus bas », est-ce que cela veut dire : « Je ne veux pas » ou « Je ne peux réellement pas? »

Dans l'ensemble, ce que les gens déclarent vouloir peut très bien ne pas correspondre à ce qui satisferait leurs besoins. Disons, par exemple, que j'ai l'intention d'acheter une nouvelle voiture. J'ai en tête un concessionnaire et un modèle bien précis. Ma démarche s'articulera ainsi :

1. Je rassemble autant d'informations que possible sur la voiture en question. Ça, ce n'est pas très difficile; je consulte les revues de consommateurs, discute avec des gens qui ont récemment acheté la même, avec des

garagistes qui en ont réparé, et prend des notes sur les performances, les prix et les éventuels problèmes de pièces détachées.

2. Ensuite, je me renseigne au maximum sur le concessionnaire. Ce n'est pas très difficile non plus, à condition de poser les bonnes questions aux bonnes personnes; c'est-à-dire aux personnes qui ont déjà eu affaire à lui. J'examine sa réputation, l'état actuel de son entreprise et de ses stocks, ses frais fixes ainsi que le mode de rémunération de ses vendeurs.

Ensuite, je me familiarise avec la personnalité du concessionnaire : ses goûts, ses préjugés, son système de valeurs. J'essaye de savoir s'il est du genre à prendre des décisions rapides ou mûrement réfléchies; s'il aime prendre des risques ou s'il est un adepte du « un tiens vaut mieux que deux tu l'auras ».

Si tout ceci vous semble peu réaliste, rappelez-vous que vous êtes sur le point d'investir des milliers de francs dans une voiture dont vous pouvez au moins espérer qu'elle vous rendra service pendant quelques années. Comme je l'ai déjà dit, si une affaire vous importe, alors cela vaut la peine de vous préparer pour faire une bonne affaire.

Une fois confronté au concessionnaire ou à son vendeur, je tâte le terrain, pose des questions et écoute plus que je ne parle. Ceci me donne des informations précieuses qui me permettent de mieux structurer mon argumentation. J'adapte alors mon style de façon à *satisfaire les besoins réels* du vendeur. Son besoin réel est peut-être de discuter, de chicaner comme un marchand de tapis au fond d'un souk; peut-être est-il tout émoustillé quand il négocie. Alors, je joue le jeu car, moi aussi, j'adore négocier sur les achats importants. Il y a peu de chances pour que je cède aux exigences du vendeur en matière de prix, mais je satisferai ses véritables besoins qui n'ont pas été exprimés. Ainsi, la transaction se concluera-t-elle à la satisfaction des deux intervenants.

7. Le pouvoir par l'implication

Nous avons déjà souligné combien il est important de faire en sorte que votre interlocuteur investisse du temps, de l'argent ou de l'énergie dans une situation. C'est, en effet, l'élément essentiel pour faire accepter un ultimatum; c'est la base du « grignotage » (« Quel genre de cravate allez-vous m'offrir avec ça? »); c'était également l'aspect fondamental dans l'exemple des trois Japonais confrontés aux représentants d'une société américaine (« Vous pourriez tout recommencer? »). C'est pourquoi, au début d'une rencontre, vous devez toujours commencer par vous montrer conciliant. Libre à vous de devenir plus agressif et de poser un ultimatum... mais, seulement, à la fin, lorsque la partie adverse s'est suffisamment investie.

Il y a un rapport direct entre l'investissement et la volonté d'arriver à un compromis. Pourquoi les États-Unis ont-ils eu tellement de mal à se dégager de la guerre du Vietnam? Parce que, lorsqu'ils essayèrent de se retirer, ils avaient déjà perdu 45 000 soldats. Difficile de négliger un tel investissement humain.

Si vous achetez deux actions, que l'une monte et l'autre baisse, laquelle vendrez-vous en premier? Celle qui monte, naturellement. Quant à l'autre, vous la conservez quelque temps; vous pouvez même en acheter d'autres puisque, si elle était à son juste prix au moment où vous l'avez achetée, vous faites une affaire aujourd'hui. C'est humain! Faites jouer ce principe en votre faveur, pas contre vous.

Voici un autre aspect de ce pouvoir : imaginons que mon patron m'envoie négocier avec un dénommé Copperfield en me disant : « Je veux que vous obteniez tel prix; vous pouvez transiger sur d'autres éléments mais pas sur le prix. »

J'entame ma négociation avec Copperfield. Je fais connaître ma position sur le premier point du contrat, et Copperfield la sienne. Nous rencontrons quelques difficultés, mais parvenons à surmonter nos divergences. Nous poursuivons avec le deuxième paragraphe qui a trait au prix. À nouveau, j'énonce mon point de vue, et Copperfield le sien. Nous essayons de nous entendre, mais en vain.

Je propose à Copperfield de revenir sur cette question plus tard.

Il acquiesce.

Autrement dit, après beaucoup de travail et de tension, nous écartons le problème qui nous conduisait droit à l'impasse.

Nous abordons le point numéro trois et, après un certain temps, réglons cet aspect du problème; idem avec les paragraphes quatre et cinq.

Nous nous approchons doucement de la dernière ligne, en ayant réussi à nous mettre d'accord sur quatre des cinq points évoqués. Copperfield flaire la bonne affaire et pense que le tour est pratiquement joué. Je lui dis : « Copperfield, pouvons-nous maintenant revenir au problème du prix? »

Il répond : « Certainement, nous pourrons peut-être trouver un compromis. »

Et, j'enchaîne : « Écoutez, Copperfield, je suis vraiment désolé, mais il ne peut y avoir de compromis sur ce point. Mon prix est ferme et définitif. »

Maintenant, regardez dans quelle situation se trouve Copperfield. S'il rompt avec moi, il perd la totalité de son investissement en temps et en énergie. Il doit tout recommencer à zéro avec quelqu'un d'autre qui sera, peut-être, encore plus dur que moi. Pour cette raison, il devient plus souple et j'arriverai à lui imposer mon prix.

Ce qu'il faut retenir quand vous vous lancez dans une négociation difficile – que ce soit un problème affectif ou un problème bien concret de prix, de taux d'intérêt ou de salaire... – *c'est de n'aborder l'essentiel qu'à la fin de la négociation, après que votre interlocuteur ait dépensé beaucoup de temps et d'énergie avec vous.*

Que faire si le point d'achoppement fait surface dès le début? Bavardez-en légèrement, mais repoussez-le à plus tard, jusqu'à ce que la partie adverse vous ait consacré un bon moment. Vous serez surpris de voir à quel point, vos interlocuteurs seront devenus plus souples à la fin de la négociation.

8. Le pouvoir par la récompense ou la punition

Si vous avez l'impression que je suis susceptible de vous aider ou de vous nuire – physiquement, financièrement ou psychologiquement –, cela me rend plus fort vis-à-vis de vous. La réalité de la situation n'a rien à y voir. Il vous suffit de *penser* que je pourrais faire quelque chose (même si c'est faux), pour que j'exerce un pouvoir sur vous. C'est cette impression, vraie ou fausse, qui donne un ascendant énorme à la secrétaire du patron, ou par le passé à la favorite du Roi. (Il n'y a que le représentant borné qui traite la secrétaire du patron comme un élément négligeable. L'employé malin sait qu'elle peut souvent lui simplifier les choses, ou au contraire lui créer des ennuis.)

Dans la mesure où chaque personne est unique, ce qui est perçu comme une menace par l'une est inoffensif pour une autre; une récompense pour l'une n'est pas grand-chose pour l'autre. Il y a autant de manières de récompenser ou de punir qu'il y a de gens avec leurs points de vue et besoins propres. Donc, *si je connais votre point de vue et vos besoins, et suis conscient du fait que vous m'attribuez un certain pouvoir sur vous, alors il m'est facile de contrôler votre comportement.*

Faisons une supposition : vous pensez que c'est moi qui décide si vous obtenez une promotion ou une augmentation, si vous êtes viré, l'heure à laquelle vous allez déjeuner, si vous allez être réprimandé publiquement, l'emplacement de votre bureau, si vous avez droit à une voiture de fonction ou un emplacement de parking, la date de vos vacances et le montant de vos notes de frais. Si ces points sont importants pour vous, est-ce que cela va vous inciter à me bichonner? Et comment! En tout cas, vous y avez drôlement intérêt.

Autre exemple, portant apparemment moins à conséquence : imaginons que je sache qu'il est fondamental pour vous que je passe chaque matin vous saluer dans votre bureau, ou que je vous envoye une carte pour Noël ou votre anniversaire. Est-ce que j'exerce un pouvoir sur vous en négligeant de venir vous dire bonjour ou en oubliant de vous adresser mes vœux? Encore une fois, vous avez intérêt à le croire.

Même si vous y attachez peu d'importance – ou à peu près autant qu'un ivrogne invétéré à un verre de lait chaud – sachez tout de même que la vie fonctionne aussi sur cette base. Je ne dis pas que vous devriez profiter de ce pouvoir que les autres vous confèrent; je dis simplement que vous devez être conscient de cette réalité et garder en mémoire ces deux points :

1. Personne ne négociera avec vous de façon significative, à moins d'être convaincu que vous pouvez l'aider ou lui nuire.
2. Dans une négociation conflictuelle, si votre adversaire pense que vous êtes susceptible de l'aider ou de lui nuire, vous devez entretenir ce sentiment jusqu'à ce que vous ayez obtenu quelque chose de sa part, soit une concession, soit un changement de position qui va dans votre sens, ou améliore le climat de votre relation.

Voici ce que j'entends par entretenir un sentiment de pouvoir, qu'il soit réel ou non. Dès le début de son mandat, le président Jimmy Carter fonda sa politique étrangère sur les Droits de l'Homme. Il n'y avait aucun mal à ça, mais malheureusement, il a tout de suite indiqué ce que les Américains feraient ou ne feraient pas. Ceci a eu pour conséquence immédiate de nous transformer en tigre de papier, pas plus féroce que le chaton du voisin. Il commit la regrettable erreur d'éliminer d'emblée un certain nombre de possibilités d'action sans avoir reçu de contrepartie.

Par exemple, le président Carter annonça que les États-Unis n'enverraient jamais de troupes en Afrique ou au Moyen-Orient. Fidel Castro, tout en mâchonnant son cigare, déclara en substance : « Vous savez quoi? Les Américains ne vont pas envoyer de forces armées en Afrique! C'est vraiment très gentil de leur part! Dans ce cas, la route est libre! » Et Cuba envoya effectivement des soldats en Angola et dans la Corne de l'Afrique.

Le Président aurait dû maintenir Castro dans l'incertitude en laissant ouverte la possibilité (utilisée ou non) d'une riposte diplomatique ou militaire à une éventuelle agression. Il aurait dû dire : « Nous sommes les champions de la moralité, mais nous ne savons pas précisément ce que nous allons faire ou ne pas faire. Après tout, c'est bien nous qui avons envoyé des B-52 sur Hanoï le jour de Noël... Qui sait ce qui passera par la tête de nos militaires avec les premiers froids! »

S'il avait tenu ce genre de langage, Castro aurait laissé son cigare s'éteindre, et les mercenaires cubains en Afrique auraient scruté le ciel avec inquiétude à chaque fois qu'un avion perçait les nuages.

Moralité : ne vous transformez pas en tigre de papier. En situation de concurrence, ne vous fermez aucune porte, et maintenez la pression sur vos adversaires aussi longtemps que vous n'avez pas reçu de contrepartie. Laissez-les s'interroger sur vos intentions jusqu'à ce que vous ayez obtenu gain de cause. En politique, laisser croire que vous êtes prêt à prendre des risques et à exercer la totalité de votre pouvoir peut empêcher un éventuel agresseur de profiter d'une situation donnée.

9. *Le pouvoir par l'identification*

En parvenant à faire que les autres s'identifient à vous, vous décuplez votre capacité à négocier.

Je m'explique. Pourquoi préférez-vous un magasin à un autre dans la même galerie commerciale ? Pourquoi confiez-vous toujours votre voiture au même garagiste ? Pourquoi avez-vous offert un compte dans une banque plutôt que dans une autre ? En affaires, pourquoi traitez-vous avec une certaine société, et non avec ses concurrents ?

Vous ne vous décidez pas seulement en fonction des critères de qualité, de proximité ou de prix. Ce qui fait pencher la balance, c'est le degré d'identification qui existe entre vous et les autres.

Si quelqu'un aux Galeries Lafayette fait en sorte que vous vous sentiez bien ou important, ou du moins vous met à l'aise et comprend vos besoins, alors vous vous identifiez à ce magasin et lui donnerez la préférence, même si le

Printemps propose des articles de qualité apparemment supérieure.

Par exemple, une grande partie du succès d'IBM dérive du professionnalisme réel de ses revendeurs. Ainsi, il y a plusieurs années, je demandai à un de mes clients pourquoi sa société avait investi dans un système IBM plutôt que dans toute autre marque. Il me répondit : « On aurait pu trouver moins cher ailleurs, et les performances techniques d'IBM ne sont pas les meilleures; mais c'est un système compliqué, et là, on est sûr qu'en cas de pépin, ils ne nous laisseront pas tomber. » Voilà ce que j'appelle de l'identification!

Comment amener les autres à s'identifier à vous? Si vous vous montrez très professionnel et réaliste en affaires, vous gagnerez la loyauté, la coopération et le respect de vos partenaires. N'abusez pas de votre autorité; essayez plutôt de vous montrer compréhensif et arrangeant. Appelez-en aux besoins, aux espoirs et aux rêves de votre interlocuteur, et abordez-le de façon humaine, c'est-à-dire avec la volonté de l'aider à résoudre son problème. Une telle attitude vous conférera un pouvoir subtil de persuasion, qui n'est pas sans rappeler la petite musique magique du joueur de flûte d'Hamelin.

En parlant de charisme, on pense souvent à des personnes dont le comportement très digne fait naître, dans l'entourage, un sentiment d'émulation. Ainsi, ceux qui suivent un chef, parfois aveuglément, s'identifient tellement à lui (ou elle) que ses succès deviennent les leurs!

L'Histoire abonde d'exemples, de Bouddha au Christ en passant par le général de Gaulle et Mère Teresa. Et, bien qu'elles appartiennent à un milieu totalement différent, les stars des médias doivent leur popularité à ce sentiment d'identification qu'elles dégagent. Johnny Carson, l'animateur de l'émission télévisée *Tonight Show,* roule peut-être sur l'or mais il apparaît à l'écran comme quelqu'un d'aimable, d'ouvert et qui vit en accord avec ses idées. Son esprit et sa modestie le rendent humain et transmettent des ondes de sympathie dans les chaumières, d'un bout à l'autre des USA. Bref, les Américains l'aiment bien.

Le pouvoir d'identification existe dans toute relation interpersonnelle, même dans les affaires ou le monde politique.

Par exemple, il m'arrive parfois d'être confronté à plusieurs spécialistes qui, successivement, exposent leur point de vue sur un problème. Ce qui se passe habituellement, c'est que j'accorde plus de crédit à celui que je connais et respecte pour la compétence dont il a fait preuve par le passé. Dans la mesure du possible, je suis ses avis et conseils, parce que j'ai confiance et peux *m'identifier* à lui.

Il est rare d'admettre ou même de parler de ce phénomène d'identification, et pourtant c'est un facteur qui intervient fortement dans vos décisions, que ce soit l'achat d'une chaîne hi-fi ou le choix d'un candidat dans une élection. Lorsque les tenants et aboutissants d'une affaire sont complexes, nous nous laissons tous influencer par celui à qui nous pouvons nous identifier. En conséquence, il peut arriver que des gens votent contre leurs intérêts propres, pour la seule raison qu'ils s'identifient très fortement à un certain candidat.

Le processus d'identification marche aussi en sens inverse. Ainsi, quelqu'un de sectaire et d'odieux, même s'il a entièrement raison sur un problème, ne parviendra pas à nous convaincre. Beaucoup de gens votent pour le candidat A, non parce qu'ils se sentent des affinités avec lui, mais parce qu'ils ne peuvent pas voir le candidat B en peinture. Ce phénomène se vérifie également dans tout processus de décision.

Permettez-moi de vous raconter une expérience personnelle dans ce domaine.

Il y a une vingtaine d'années, alors que je finissais mes études de droit, l'Amérique était en pleine récession. Personne ne m'avait dit que les affaires marchaient mal, et je culpabilisais de ne pas trouver d'emploi. Dix ans plus tard, en apprenant qu'il y avait bien eu une récession à cette époque, je me suis senti très soulagé.

Après une courte période de chômage, je fus engagé à la « Legal Aid Society », pour défendre les plus défavorisés dans des délits mineurs.

Un de mes premiers clients était accusé de vol. En y repensant aujourd'hui, je crois qu'il était coupable. Pourquoi ? Premièrement, il avait donné deux versions différentes des faits; deuxièmement, on avait trouvé ses empreintes partout;

et, troisièmement, lors de son arrestation, il était en train de regarder le poste de télévision volé.

Ce n'est pas ce qu'on appelle un cas très défendable!

Cependant, j'étais jeune et consciencieux et voulais faire en sorte que les droits de mon client soient scrupuleusement respectés. Pour construire mon système de défense je rendis plusieurs visites à l'accusé en prison. À chaque fois, il changeait d'alibi et racontait une tout autre histoire; j'en conclus assez vite qu'il était aussi stupide que menteur, et renonçai à le faire comparaître à la barre, craignant que le caractère contradictoire de ses déclarations ne soit trop facilement mis en évidence.

Puisqu'il fallait bien que *quelqu'un* vînt témoigner en sa faveur, je fis appel à sa mère. Les mères témoignent toujours pour leurs enfants, quelles que soient les circonstances. Cette personne était d'ailleurs très présentable : une vieille dame aux cheveux gris, portant des verres de lunettes très épais et une canne – le genre de femme que l'on aide automatiquement à traverser la rue.

Elle fut donc conduite à la barre, et je commençai à l'interroger. Après deux minutes, je me rendis compte que le problème de mon client était, en partie, héréditaire. La mère était également aussi stupide que menteuse. Elle réussit à se contredire quatre fois en l'espace de cent vingt secondes! Je me rassis, la gorge nouée, persuadé que l'affaire était perdue.

Pour je ne sais quelle obscure raison, le procureur ne se contenta pas de ce résultat et entreprit un contre-interrogatoire très serré. Il semblait vouloir que l'accusé ne soit pas seulement reconnu coupable, mais *très* coupable, terriblement coupable, le plus coupable de tous les accusés jamais jugés devant cette cour.

Il essaya donc de discréditer la mère en tant que témoin, lui tendit des pièges et ne cessa de la harceler, le tout en hurlant. La vieille femme craqua et se mit à pleurnicher. En essuyant ses yeux, elle fit tomber ses lunettes, et le procureur les écrasa du pied sans faire exprès.

Le juge suspendit rapidement l'audience et me fit signe de venir aider la vieille dame, en pleine crise d'hystérie, à quitter la barre. Ce faisant, je jetai un coup d'œil aux jurés et me rendis compte, à ma grande surprise, de ce qui était en train de se passer. Les membres du jury haïssaient le procureur. Ils pensaient certainement : « C'est déjà assez dur pour cette femme d'avoir un fils délinquant; est-ce que ce monstre de procureur a besoin de lui infliger toutes ces épreuves supplémentaires ? »

Le jury rendit très vite son verdict ; « Non coupable » – un des rares succès que je remportai à cette époque.

Mais, ne m'accablez pas, je vous en prie, pour cette erreur judiciaire. Je n'ai pas gagné cette affaire, c'est la partie adverse qui l'a perdue. Pourquoi ? Parce que les faits avaient été complètement éclipsés par l'attitude du procureur, et que les membres du jury, ne pouvant s'identifier à lui, n'admirent pas son argumentation. Le verdict se retourna contre les preuves avancées.

L'identification (quelle soit « à » ou « contre ») joue, plus souvent qu'on ne croit, un rôle important dans les négociations et le processus de prise de décision. C'est la raison pour laquelle se conduire avec une certaine élégance et essayer d'aider les autres, c'est un peu comme avoir toujours sur soi une réserve d'eau au milieu du désert de Gobi.

10. Le pouvoir de la morale

La plupart d'entre nous, imprégnés depuis l'enfance de culture occidentale, partageons les mêmes principes éthiques et moraux. Nous les avons appris à l'école ou à l'église que nous fréquentions, puis vus mettre en application au sein de notre famille, dans notre vie professionnelle ou dans la rue. Nos conceptions de « ce qui est bien » se ressemblent donc beaucoup. Rares sont ceux qui peuvent traverser l'existence sans penser que ce qu'ils font, c'est pour le bien de l'humanité.

C'est pourquoi l'argument de la morale, même utilisé sans raison valable, marche souvent.

Même si quelqu'un dispose théoriquement des moyens légaux pour vous écraser et que vous lui dites : « Vous pouvez me faire ce que vous voulez... Mais est-ce que ça serait bien ? » votre appel peut être entendu. Cette attitude fonctionne même dans le cadre judiciaire. Certains accusés demandent la grâce des tribunaux, et il arrive que des tribunaux la leur accordent.

Par exemple, un accusé peut plaider ainsi devant un juge : « Monsieur le Juge, est-ce que me mettre derrière les barreaux est vraiment une bonne chose? J'ai une femme et trois enfants à la maison. En m'éloignant, c'est surtout eux que vous pénalisez. Ça m'est égal de purger ma peine, mais pensez à ce qu'une longue condamnation leur ferait, *à eux*. Monsieur le Juge, je sais que je mérite la perpétuité pour mon crime, mais est-ce que ce serait juste de punir les innocents de ma famille? » Il est probable que le juge y réfléchira à deux fois avant de prononcer une peine très lourde.

Est-ce que ce type d'approche s'applique à des gens de cultures très différentes? Non, pas plus qu'à ceux dont l'éducation est très éloignée de la nôtre. Prenez, par exemple, les intégristes musulmans, ils ne peuvent même pas concevoir notre logique du pardon, nos histoires de joue tendue et de branches d'olivier. Ils ne comprennent que la force, l'opportunisme et l'esprit de revanche. Ne vous faites pas avoir par ces gens-là; traitez avec eux d'après *leur* propre système de valeurs.

Toutefois, la majorité des personnes de votre entourage est issue de la même culture que vous. Donc, si quelqu'un de proche – votre épouse, votre patron ou un subordonné – vous laisse tomber, vous fait un coup bas ou ne tient pas une promesse, demandez-lui si c'était bien et si vous méritiez cela. Cette question a l'art de désarçonner même les plus matérialistes, les plus égoïstes et les plus blasés.

11. Le pouvoir de l'usage

J'ai déjà fait allusion à ce pouvoir au sujet du réfrigérateur de chez Darty, en remarquant que l'ensemble des gens croit qu'on ne peut pas négocier avec une grande surface parce que « sinon ça ne serait pas une grande surface ».

J'ai également dit : n'érigez pas vos expériences personnelles en vérités universelles; forcez-vous à dépasser le champ de vos possibles en mettant vos a priori à l'épreuve; ne vous laissez pas enfermer dans vos habitudes.

En effet, il est facile de s'enfermer dans la routine, ou de s'y laisser enfermer par les autres – car une des caractéristiques du pouvoir de l'usage est de se fonder sur des réflexions du genre : « Ne faites pas de vagues », « Ça ne sert à rien de discuter » et « On a toujours fait comme ça ». Nous nous heurtons tous à une forte pression sociale qui nous incite à continuer à faire les choses telles qu'elles se sont toujours faites. Les pratiques d'hier et d'aujourd'hui présentent un caractère sacré, impossible à remettre en question. « Changement » est un très vilain mot de dix lettres.

Par exemple, un problème épineux qui se pose à chaque nouveau dirigeant, qu'il s'agisse d'un politique ou d'un homme d'affaires, c'est de changer les habitudes profondément enracinées. Après son élection en 1968, Richard Nixon déclara : « Il est grand temps d'alléger les dépenses publiques et les charges des contribuables. » Quelques semaines plus tard, il devait proposer le plus gros budget fédéral que le pays ait jamais connu.

Le précédent est un autre aspect du pouvoir de l'usage : il peut être utilisé comme *prétexte* au changement. Lorsque, aux USA, les syndicats de l'automobile obtinrent une augmentation de 7 %, leurs homologues canadiens, forts de cet exemple, négocièrent rondement la même augmentation. La logique était simple : « Notre modèle, c'est l'Amérique; ils ont obtenu ça, nous devons avoir la même chose. »

Le maire de la ville de Memphis dans le Tennessee annonça publiquement que tous les policiers et pompiers qui feraient grève seraient renvoyés. Ils se mirent pourtant en grève et perdirent leurs emplois. Plusieurs jours plus tard, on parvint à un accord et le maire réintégra les grévistes. En vertu de quoi, les pompiers de Chicago cessèrent le travail, en pensant que, même s'ils étaient démis de leurs fonctions, ça ne serait que temporaire. La suite des événements leur donna d'ailleurs raison.

Autrement dit, si A fait quelque chose et que B l'apprend, cela modifie le comportement de B. L'information circule vite; nous sommes tous branchés sur la même télévision. Donc, si vous essayez de contrôler une situation et ne voulez pas que ce qui arrive à A influence B, préparez-vous à expliquer à B en quoi sa situation diffère de celle de A.

Évitez donc de vous faire piéger par cette logique et essayez de la faire jouer en votre faveur. Pour justifier une de vos actions ou réclamations, référez-vous toujours à une situation similaire qui a abouti au résultat que vous souhaitez.

Par exemple, si vous êtes dans un magasin en train de négocier le prix d'un article, et que le vendeur vous dit : « Désolé, vous savez bien qu'ici on ne marchande pas! » que faites-vous? Vous répondez : « Bien sûr que si, puisque j'ai acheté ici même un marteau, il y a à peine deux semaines, et comme il était un peu abîmé, le vendeur m'a consenti une remise de 20 francs! »

N'ayez pas peur d'utiliser le bon sens populaire traditionnel. Si vous devez acheter un appareil électroménager ou une voiture, demandez le modèle de l'*année dernière,* et pas celui de cette année. Pourquoi? Parce que tout le monde sait que le modèle de l'an dernier est meilleur marché, même s'il est en parfait état. Quelle différence y a-t-il d'ailleurs entre le modèle 1987 et celui de 1988? Ce dernier a peut-être un petit raffinement supplémentaire mais qui ne justifie sûrement pas la différence de prix, surtout si le modèle « ancien » n'a jamais été utilisé.

12. Le pouvoir par la persévérance

La persévérance est au pouvoir ce qu'est le charbon à l'acier. En grignotant une digue suffisamment longtemps même un rat peut inonder tout un pays.

La plupart des gens ne sont pas assez persévérants quand ils négocient. Ils présentent leur affaire à un interlocuteur, mais si celui-ci n'« achète » pas sur-le-champ, ils laissent tomber et passent à un autre. Si c'est une de vos caractéristiques, je me permets de suggérer que vous cessiez de la cultiver. Apprenez à vous cramponner, à être tenace. Ce fut une des grandes qualités du président Carter : il était tenace, résolu, remarquablement persévérant.

Il réussit, pourtant, à être le Président le plus ennuyeux de toute l'histoire des États-Unis. Passer plus d'un quart d'heure en sa compagnie ou prendre un somnifère, c'était pareil. Quelqu'un disait : « Quand Carter fait ses causeries au coin du feu, généralement le feu s'éteint! » Bref, quand il entrait dans une pièce, on avait l'impression que quelqu'un venait d'en sortir.

Mais son manque de charisme a fait des merveilles avec Anouar El Sadate et Menahem Begin, réunis dans la retraite présidentielle du Maryland.

Camp David n'est *ni* Sodome *ni* Gomorrhe. Ce n'est *pas vraiment* le rendez-vous des noceurs, même les plus lymphatiques, l'activité la plus excitante consistant essentiellement à renifler les pommes de pin.

Conscient de cela, et décidé à obtenir un « minimum de résultats », Carter veilla à ce qu'il n'y ait que deux bicyclettes pour quatorze personnes, et une absence totale d'autres distractions. Le soir, les participants avaient le choix, pour se divertir, entre trois films sans intérêt; au bout du sixième jour, tout le monde avait vu tous les films deux fois et s'ennuyait à mourir.

Et chaque matin à huit heures, Sadate et Begin étaient réveillés par la même voix monocorde qui disait : « Bonjour, c'est Jimmy Carter, vous êtes prêts à replancher pour dix longues heures sur le même sujet rasoir ? » Treize jours à ce régime-là, et si vous aviez été à la place de Sadate ou de Begin, vous auriez signé n'importe quoi pour en finir. Les accords de Camp David sont un classique du genre, à mettre au crédit de la patience et de la persévérance de Jimmy Carter.

Vous n'êtes pas personnellement concerné par les accords de Camp David, mais vous êtes personnellement concerné par de nombreuses situations du même type. Supposons que vous soyiez en conflit avec votre compagnie d'assurances : votre voiture, vieille de six ans mais en excellent état, a été complètement détruite dans un accident; sa valeur à l'argus n'est que de 3 000 francs, mais vous ne pouvez pas la remplacer à moins de 5 000 francs. Ça vous fait une belle jambe le prix de l'argus; ce n'est jamais qu'une suite de signes noirs sur un papier blanc.

Que devriez-vous faire dans un cas pareil ?

Vous devriez prévenir, avec une certaine grandiloquence

votre agent d'assurances que vous ne céderez pas à moins de 800 dollars en disant par exemple : « Un procès ne me fait pas peur... même avec tous les frais et la publicité. »

Est-ce que ce commentaire sur les frais et la publicité va retenir l'attention de votre interlocuteur du service contentieux ? Vous pouvez parier une bouteille de votre whisky préféré que oui. Il sait bien que procédure veut dire retards, incertitudes, enquêtes officielles et détérioration de l'image de marque de la compagnie dans l'esprit de ses autres clients. Il sait aussi qu'un procès entraîne des coûts et donc l'utilisation de réserves qui, autrement, auraient pû être investies avec plus de profit.

Vous pouvez aussi recourir à des arguments pratiques pour décourager votre assureur de se lancer dans un procès : l'absence de témoins ou la charge de travail démentielle de son conseil juridique.

Obtiendrez-vous vos 5.000 francs ? Bien sûr, à condition de ne pas lâcher, d'écrire des lettres à la direction, de fournir des informations supplémentaires (factures, reçus...) qui justifient votre réclamation et prouvent que votre véhicule était tout à fait « unique », et ne peut donc, en aucun cas, rentrer dans le cadre de l'argus. La persévérance paye.

13. Le pouvoir par la persuasion

Dans nos pays développés, on s'appuie trop sur le raisonnement pour faire bouger les choses. Notre éducation nous a amenés à croire que la logique prévalait toujours. Or, la logique, en elle-même, ne réussit que rarement à influencer quelqu'un.

Si vous voulez me persuader de croire, faire ou acheter quelque chose, il faut que vous teniez compte des trois points suivants :

1. Je dois bien comprendre votre message. Il est indispensable que vos raisons évoquent quelque chose de connu pour moi. Donc, vous devez entrer dans mon monde. (C'est pourquoi il est tellement difficile de négocier

avec un imbécile ou quelqu'un dont on pense qu'il est fou.)
2. Vos preuves doivent être écrasantes au point qu'il me devienne impossible de discuter.
3. Me rendre à vos raisons doit satisfaire mes besoins et mes désirs du moment.

Ce troisième point est primordial. Pourquoi? Parce que même si vous me présentez des preuves écrasantes que j'admets volontiers, mais que la conclusion ne va pas dans mon sens, alors je ne serai toujours pas convaincu.

Votre raisonnement est peut-être parfaitement inattaquable, mais accepter vos conclusions ne correspondrait ni à mes besoins ni à mes désirs actuels. Les parents d'adolescents connaissent, mieux que les autres, ce phénomène illogique qui est à l'origine de tant d'échecs de tentatives de persuasion.

L'industrie publicitaire, dont le but est de conditionner les comportements, utilise ce procédé pour attirer des consommateurs potentiels.

Dans un tout autre ordre d'idées, on a cru pendant des siècles que le soleil tournait autour de la terre. Les gens sentaient, au plus profond d'eux-mêmes, que la terre ne pouvait être que le centre de tout l'univers. Surgit alors un dénommé Copernic qui essaya de tout chambouler en proposant une nouvelle théorie du système solaire. Il déclara de but en blanc que c'était la terre qui tournait autour du soleil.

Les personnages influents de l'époque l'écoutaient en bâillant. Ils comprenaient Copernic, mais d'une façon abstraite, très intellectualisée. Sa logique était parfaite; seul, un demeuré aurait pû nier pareille évidence. Mais personne n'adhérait avec enthousiasme à sa théorie, car, au fond, elle ne révolutionnait pas la vie quotidienne. Que la terre tourne autour du soleil ne porte pas plus à conséquence que le fait que les chats mangent les souris.

Un jour, quelqu'un s'écria : « Eh, minute! Tout ceci fait formidablement progresser une nouvelle science qui s'appelle l'astronomie! On va pouvoir naviguer sur les océans, enrayer le chômage en envoyant des hommes là-bas, très loin, pour conquérir et exploiter les sauvages. On va pouvoir mettre la main sur d'énormes richesses et les ramener ici! Voilà qui répond exactement à nos désirs et à nos besoins! »

Les autres oublièrent de bâiller. Quelqu'un d'autre dit encore : « Oublions le passé. On marche avec ce petit Polonais de Copernic. » Une fois de plus la science triomphait.

Moralité : si vous voulez persuader, mettez bien en évidence le rapport immédiat entre ce que vous dites et *la satisfaction des besoins et désirs de votre interlocuteur.*

14. Le pouvoir du comportement

Pour le compte de qui est-il le plus difficile de négocier? Pour son propre compte.

On est bien meilleur quand on agit au nom d'un autre.

Pourquoi?

Parce que l'on perd toute distance dès que l'on est *personnellement* impliqué dans une affaire. On se ronge les sangs et on vit sous pression. En revanche, on est bien plus détendu et objectif lorsque l'on négocie pour quelqu'un d'autre. La situation apparaît pour ce qu'elle est *réellement,* c'est-à-dire un jeu.

Ce phénomène se vérifie chez tout le monde. Récemment, une grande banque m'a demandé de mener, pour son compte, une importante négociation financière à l'étranger. La transaction mettait en jeu des millions de francs, et tous les participants étaient assez nerveux... sauf moi. J'étais d'un calme olympien, content de mon voyage et gardais bien la tête sur les épaules. Savez-vous pourquoi je pouvais rester serein face à un marché aussi énorme? Parce que je n'étais pas directement concerné, seuls les banquiers l'étaient. Si la négociation n'aboutissait pas, ils pouvaient perdre des millions et, à leur place (tel que je me connais), j'aurais aussi été terriblement inquiet. Mais là, j'étais payé à la journée et me disais : « Un jour de plus, de l'argent en plus! » Je considérais leur grande négociation comme un jeu. Bien sûr, je m'en souciais, mais pas trop. Et, pourtant, en rentrant à la maison, je trouvai le bulletin scolaire de ma fille, et là, plus question de jouer. La discussion familiale autour de la table de la cuisine, c'était du sérieux; et, parce que cela m'importait autant, je ne crois pas avoir été aussi bon.

Essayez de voir toutes relations et situations, y compris votre travail, comme un jeu au royaume de l'illusion. Prenez un peu de recul et profitez du spectacle. Faites de votre mieux, mais ne vous effondrez pas si tout ne se passe pas comme vous le souhaitiez. Rappelez-vous que les choses sont rarement ce dont elles ont l'air. On peut même prendre du lait écrémé pour de la crème! Et, comme l'a dit Oscar Levant : « Quand on enlève la fausse guirlande de Noël, que trouve-t-on en dessous? La vraie. »

Entraînez-vous à vous demander pour chaque négociation : « Si ça tourne mal, est-ce que je vais en mourir? » Si la réponse est négative, apprenez à répéter : « La belle affaire! » « Qu'est-ce que ça peut bien faire? » ou « Et alors? »

Faites-vous du souci, mais jamais « à ce point ». Pour paraphraser Eugene O'Neill : « Cet épisode n'est qu'un entracte inattendu dans le grand spectacle de Dieu le Père. »

Si vous parvenez à adopter cette attitude sereine et un brin amusée dans toutes vos négociations, tant professionnelles que personnelles, alors vous en tirerez beaucoup de bénéfice :

1. Vous développerez considérablement votre énergie, car on en a toujours plus pour les choses que l'on aime bien faire (il vous est sans doute déjà arrivé de vous sentir épuisé à la fin d'une dure journée, et de retrouver tout votre entrain, à l'instant même où l'on vous proposait une activité que vous considériez comme un jeu).
2. Vous serez moins angoissé. Votre taux d'acide urique dans le sang diminuera en même temps que votre tendance à l'hypertension. Vous pourrez laisser tomber votre jogging quotidien, car votre forme physique sera bien meilleure dans l'ensemble (si votre travail devient un jeu, votre niveau d'anxiété sera à peu près équivalent à celui que vous connaissez au cours d'une partie de ping-pong).
3. Vos résultats s'amélioreront, car votre comportement véhiculera un sentiment de pouvoir et de maîtrise de

vous-même (vous montrerez une confiance en vous-même communicative et rassurante).

Un des adeptes les plus fervents de cette attitude est le Révérend père Ike, une star de la télévision et de la radio américaines qui attire une très large audience avec ses prêches dans un style assez peu orthodoxe. Il incite souvent ses auditeurs à « donner un bon coup de main à Dieu ».

Un jour qu'il se promenait avec ses ouailles en répétant sans cesse : « Ne vous inquiétez pas. Il n'y a rien d'alarmant... », un paroissien leva la main et dit : « Mon Révérend, vous ne comprenez pas. J'ai un gros problème et suis très inquiet. »

Le Révérend répondit calmement : « Eh bien, oubliez-le. »

« Non, non, je ne peux pas... C'est grave et je suis très inquiet. »

« Alors, dites-moi ce qui vous met dans des états pareils », dit le Révérend.

Le paroissien reprit : « C'est à cause de la banque. Je dois rembourser 6 000 dollars demain et n'en ai pas le premier sou, alors je suis très inquiet. »

Et, le Révérend rétorqua : « Mon ami, pourquoi êtes-vous si torturé ? C'est la banque qui a un gros problème, pas vous ! »

Bien que je soupçonne le Révérend Ike d'avoir repris une vieille plaisanterie, cette attitude a vraiment du bon.

Maintenant que nous avons disséqué tous les éléments du pouvoir, reprenons nos trois grandes variables présentes dans toute négociation :

1. **LE POUVOIR**
2. **LE TEMPS**
3. **L'INFORMATION.**

Il est d'ailleurs grand temps de parler du temps...

5.

LE TEMPS

Tant que vous arrivez avant la fin,
vous n'êtes pas en retard.

James J. NALKER

Le temps passe : c'est une lapalissade. Il passe à la même vitesse pour chacun de nous, quoi que nous fassions. Puisque nous ne pouvons pas maîtriser le mouvement des pendules, examinons comment le temps influe sur le processus de la négociation.

Beaucoup de gens croient que la négociation est un événement normal, c'est-à-dire quelque chose qui a un début et une fin. S'il en était ainsi, elle aurait un cadre temporel rigide. Elle pourrait, par exemple, commencer un certain jour à neuf heures du matin, heure à laquelle vous avez pris rendez-vous avec votre patron pour lui demander une augmentation. Sa secrétaire vous ayant prévenu qu'il avait un autre rendez-vous une heure après, vous êtes conscient de votre limite dans le temps; votre entrevue devrait se terminer vers dix heures.

Admettons que le moment où vous pénétrez dans le bureau de votre patron soit le point G, et que le moment où il se lève pour vous raccompagner à la porte soit le point K. C'est ce point que l'on appelle communément l'échéance. Que ce mot sonne de façon inquiétante!

À quel moment les concessions se feront-elles? Au point

G, H, I ou J? Dans presque toutes les négociations, les concessions interviennent soit entre J et K, c'est-à-dire aussi proche de l'échéance que possible, soit même en K ou L, c'est-à-dire juste à l'échéance ou au-delà.

Autrement dit, si votre patron reconnaît vos mérites et vous accorde finalement l'augmentation demandée, ce ne sera probablement qu'à neuf heures cinquante-cinq. Ce phénomène se retrouve très souvent : on finit par céder à la dernière minute.

À quel moment remplit-on sa déclaration de revenus ?

Si une secrétaire a sept jours pour taper un rapport, quand sera-t-il prêt ?

Si un étudiant a deux mois pour rédiger un mémoire, quand s'y mettra-t-il ?

Même une institution aussi disciplinée et responsable que l'Assemblée nationale vote la plupart des lois juste avant la fin de la session parlementaire.

En conséquence, quand vous négociez, attendez-vous à voir les positions s'assouplir et le processus d'accord se dessiner lorsque l'on touche à l'échéance. Dans ce cas, si je connais votre limite dans le temps et que vous ne connaissez pas la mienne, qui a l'avantage ? Si vous êtes obnubilé par les délais et que moi je suis plus souple, qui a l'avantage ? Moi, bien sûr, car plus on s'approchera du point que vous considérez comme l'échéance, plus vous serez angoissé et prêt à lâcher du lest.

En observant votre malaise, je peux très bien renoncer à vous concéder quoi que ce soit, même si ma limite dans le temps est très proche de la vôtre. L'anecdote qui suit vous montrera que j'ai appris ce principe à mes dépens.

Il y a une vingtaine d'années, je travaillais pour une société internationale, et mon activité principale se résumait essentiellement à aller chercher des cafés pour mes supérieurs.

J'étais en contact avec tous ceux qui revenaient de voyages d'affaires, avec des histoires exotiques plein la tête. Il m'arrivait parfois de prendre le petit déjeuner avec eux et je ne pouvais m'empêcher de leur demander où ils étaient allés.

L'un répondait : « Ah! je viens de rentrer de Singapour où j'ai réussi à conclure un marché de neuf millions de dollars. »

Un autre racontait qu'il revenait d'Abu Dhabi. Et moi, je ne savais même pas où ça se trouvait.

Poliment, ils demandaient à leur tour : « Et vous ? »

Qu'aurais-je pu dire ? Eh bien, je suis allé au zoo... à l'aquarium – mais je pense bientôt pousser jusqu'aux jardins botaniques. Bref, je n'avais strictement rien à raconter. Les jeunes ayant besoin de « faire leur guerre », j'allais, tous les vendredis, voir mon patron pour le supplier de me donner ma chance, de m'envoyer à l'étranger et de me laisser faire mes armes de négociateur. Je l'ai tellement harcelé qu'il a fini par grommeler : « D'accord, Cohen, je vais vous envoyer à Tokyo traiter avec les Japonais. »

J'étais fou de joie et me disais intérieurement : « Ça y est! Le Destin m'appelle! Je vais balayer ces Japonais, et ensuite, à moi le reste du monde. »

Une semaine plus tard, j'étais dans un avion pour Tokyo, avec toute une littérature sur la mentalité et la psychologie des Japonais, et ne cessais de me répéter : « Je vais faire un malheur! »

À l'atterrissage, porté par mon enthousiasme, je dévalai la passerelle devant tous les autres passagers.

Au pied de l'avion, deux Japonais m'attendaient et s'inclinèrent respectueusement. Ça, ça m'avait beaucoup plu.

Ils m'aidèrent à passer la douane, puis m'escortèrent jusqu'à une limousine, à l'arrière de laquelle je m'installai confortablement, à demi allongé sur des coussins moelleux. Les Japonais, eux, s'assirent sur des strapontins, droits comme des piquets. Je leur dis alors : « Venez donc à côté de moi; il y a largement la place. »

Ils répondirent : « Oh non, vous êtes quelqu'un d'important et avez besoin de repos. » Ça aussi, ça m'avait beaucoup plu.

Pendant le trajet, un de mes hôtes me demanda si je parlais la langue.

Je répondis : « Vous voulez dire le japonais ? »

Il répliqua : « Oui, c'est ce que nous parlons au Japon. »

Et moi : « C'est-à-dire... non, mais j'espère bien apprendre quelques expressions. J'ai apporté mon dictionnaire. »

Son acolyte m'indiqua alors que si je ne voulais pas avoir de problème pour le retour à l'aéroport, il pouvait mettre cette limousine à ma disposition.

Je pensais : « Ils font vraiment les choses très bien. »

Je lui tendis donc mon billet de retour, afin que le chauffeur sache quand il devrait venir me chercher. Je ne m'en rendis pas compte sur le moment, mais je leur avais ainsi dévoilé ma limite dans le temps, alors que j'ignorais la leur.

Au lieu d'entamer tout de suite notre négociation, ils voulurent m'initier à la culture japonaise et me faire goûter les joies de leur hospitalité. Pendant plus d'une semaine, je visitai le pays, du palais impérial aux lieux de pèlerinage de Kyoto. Ils allèrent jusqu'à m'inscrire à un cours de zen en anglais pour que je me familiarise avec leur religion.

Chaque soir, je devais rester assis, pendant quatre heures et demie, sur un coussin posé à même le sol pour prendre part au dîner et divertissements traditionnels. Imaginez-vous ce que ça peut être de rester si longtemps assis sur le plancher ? Si je n'ai pas eu d'hémorroïdes à cette occasion, je n'en aurai sûrement jamais. Dès que je demandais quand commencerait la négociation, ils murmuraient invariablement : « Nous avons tout le temps, tout le temps ! »

Enfin, le douzième jour, on entama la négociation, mais on dut s'interrompre assez vite afin de pouvoir aller jouer au golf. Le lendemain, on reprit les discussions, mais elles s'arrêtèrent tôt à cause du dîner d'adieu. Finalement, dans la matinée du quatorzième jour, on négocia pour de bon. Au moment précis où nous arrivions au cœur du sujet, la limousine vint me prendre pour m'emmener à l'aéroport. La discussion se poursuivit dans la voiture et l'accord fut conclu à la seconde où nous arrivions à destination.

Croyez-vous que j'ai obtenu de bons résultats dans cette négociation ? Pendant des années, mes supérieurs parlèrent de cette affaire comme de : « La première grande victoire japonaise depuis Pearl Harbor ! »

Pourquoi une telle débâcle ? Parce que mes interlocuteurs connaissaient ma limite dans le temps, et moi je ne connaissais pas la leur. Ils se sont abstenus de faire des concessions, car ils pensaient, à juste titre, que je n'oserais pas rentrer les mains vides. De plus, l'impatience, dont je faisais sans doute preuve, traduisait le fait que je ne repousserais pas mon départ; comme si c'était le dernier avion en partance pour les États-Unis.

Même les négociateurs les plus chevronnés se laissent parfois prendre à ce piège. Par exemple, vous rappelez-vous l'époque où les USA voulaient se dégager de la guerre du Vietnam ?

Pendant des mois, ils essayèrent d'inciter les Nord-Vietnamiens à négocier, soit par des appels directs, soit par le biais d'intermédiaires, mais en vain.

Les Nord-Vietnamiens disaient en substance : « Nous combattons depuis six cent vingt-sept ans; qu'est-ce que ça peut faire si ça dure encore cent vingt-huit ans ? En réalité, une guerre de trente-deux ans, on trouverait ça plutôt court. » Les Américains n'en croyaient pas leurs oreilles, trente-deux ans, court !

Est-ce que les Nord-Vietnamiens étaient vraiment sincères ? Bien sûr que non. Avaient-ils une limite dans le temps ? Oui, exactement comme les Japonais avec lesquels j'avais traité à Tokyo. Étaient-ils pressés de mettre un terme à ce conflit ? Certainement, mais ils continuaient à bluffer car ils savaient bien que les Américains ne souhaitaient pas s'engager dans une guerre interminable en Asie du Sud-Est.

Après des mois de conflit, les Nord-Vietnamiens finirent par fléchir. Juste avant l'élection présidentielle américaine, ils acceptèrent de participer à des pourparlers de paix à Paris. Les États-Unis dépêchèrent Averell Harriman pour les représenter; celui-ci, en arrivant en France, loua une chambre à la semaine à l'hôtel Ritz.

Vous rappelez-vous ce que firent les membres de la délégation nord-vietnamienne ? Ils signèrent un bail de deux ans et demi pour une villa en banlieue. Ne croyez-vous pas que cette notion différente du temps qui s'est traduite, par la suite, par des querelles sans fin au sujet de la forme de la table des négociations, eut des répercussions sur l'issue de la négociation ? Évidemment que si. Rétrospectivement, on comprend pourquoi les accords de Paris n'ont jamais véritablement résolu le conflit, du moins pas de façon satisfaisante pour nous.

En dépit de leur mépris apparent du temps, les Nord-Vietnamiens avaient bien une échéance à respecter. Croyez-en ma parole, la partie adverse, quelle qu'elle soit, a toujours une limite dans le temps. Si vos adversaires n'avaient pas besoin de négocier, ils n'accepteraient même pas de vous rencontrer. Mais, très souvent, ils essayent d'avoir l'air nonchalant; et, ça marche parce que vous vous sentez acculé par votre propre contrainte de temps, qui vous semble toujours plus lourde que la leur. Ceci est vrai dans toute négociation.

Vous vous souvenez du vendeur de réfrigérateurs qui passait près de vous en disant : « Alors, vous vous êtes décidé ? » Il est probable que, derrière son visage apparemment calme, se cachait un être humain perclus d'angoisse, à qui son patron répétait chaque jour : « Si vous ne vendez pas un réfrigérateur aujourd'hui, vous vous retrouverez bientôt sur le sable. »

Voici une autre règle à laquelle vous pouvez vous accrocher : Les échéances sont beaucoup plus flexibles que l'on ne croit. Qui les fixe ? Qui vous les impose ? En général, c'est vous-même pour respecter une certaine autodiscipline ou bien gérer votre temps. Un patron, le gouvernement, un client ou un membre de votre famille peut avoir une influence, mais, globalement, la contrainte temps émane de vous.

En conséquence, vous n'avez pas besoin d'y obéir aveuglément. Je ne dis pas que vous devez l'ignorer complètement, mais au moins l'analyser. Étant donné qu'une échéance est toujours le fruit d'une négociation, cela signifie qu'elle est elle-même négociable.

Demandez-vous toujours : « Qu'arrivera-t-il si je dépasse mon délai ? Quelle sera ma punition ? En bref, quelle est l'ampleur du risque que je prends ? »

Par exemple, on sait tous que la date limite pour envoyer sa déclaration de revenus est le 28 février. Que se passe-t-il si vous la remplissez plus tard ? Est-ce que quelqu'un va venir frapper chez vous, armé d'un fusil, pour vous conduire en prison ? C'est assez peu probable.

Si vous analysez cette contrainte temps, regardez si vous devez de l'argent à l'État, ou si c'est l'État qui vous en doit. Si vous êtes un débiteur important, le fisc vous pénalisera en vous faisant payer une majoration. Mais il est possible que cette majoration reste inférieure au prix du crédit que vous consentirait une banque pour payer vos impôts.

La vraie question est de savoir avec qui on préfère faire des affaires : la banque du coin à un taux élevé, ou le gouvernement à un taux raisonnable. Pour ma part, je me dis : « Allons-y pour la majoration ! »

Que se passe-t-il dans l'hypothèse où c'est l'État qui vous doit de l'argent ? Vous devrez peut-être attendre votre remboursement un peu plus longtemps, mais vous ne serez pas pénalisé. Le fisc a encore de la chance que vous ne lui comptiez pas les intérêts. Et pourtant, des personnes qui savent qu'elles doivent récupérer un trop-versé se donnent un mal fou pour obtenir le cachet de la poste daté d'avant le jour fatidique. D'autres vont jusqu'à bousiller leur système informatique en le bourrant trop à la dernière minute, et se retrouvent obligés de faire appel à un consultant, ce qui leur prendra du temps et de l'argent.

Posez-vous la question suivante : « Si le gouvernement me doit de l'argent, pourquoi me dépêcher ? » Puis, dites-vous : « Je vais prendre tout mon temps pour faire ma déclaration, vérifier les calculs deux fois et la mettrai à la poste quand je pourrai. »

Comme on l'a vu, la clef du succès peut résider dans notre façon d'utiliser le temps. Celui-ci arrive même à modifier le climat d'une relation interpersonnelle. En arrivant en retard, on peut avoir l'air hostile ou trop sûr de soi; mais, arriver à l'avance sera parfois compris comme un signe d'anxiété ou un manque de politesse. Le facteur temps peut donc privilégier un camp ou l'autre, selon les circonstances. Indépendamment de ces interprétations diverses, certaines des remarques faites précédemment valent la peine d'être répétées :

1. Étant donné que volonté de compromis et possibilité d'accord n'interviennent qu'à l'échéance ou au-delà, soyez patient. La véritable force consiste souvent à soutenir la pression sans fuir ni se montrer agressif. Apprenez à maîtriser vos réflexes d'autodéfense. Conservez votre calme tout en restant vigilant pour agir le moment venu. En règle générale, *la patience paye.* Il

est possible, d'ailleurs, que la meilleure politique quand on ne sait pas quoi faire, c'est de ne rien faire du tout.

2. Dans une négociation difficile, votre meilleure stratégie est de ne pas révéler votre limite dans le temps à votre interlocuteur. Gardez toujours présent à l'esprit que les échéances, étant le fruit d'une négociation, sont plus souples qu'on ne croit. Ne les respectez donc pas à priori, mais déterminez si vous avez intérêt à vous y soumettre ou non.
3. Les représentants de « l'autre camp », même s'ils ont l'air serein et détendu, ont toujours une limite dans le temps. Le plus souvent, la tranquillité d'esprit qu'ils affichent ostensiblement cache une bonne dose d'angoisse.
4. Une action précipitée ne devrait être entreprise que s'il est évident, dès le départ, qu'elle tournera à votre avantage. D'une manière générale, il est rarissime de parvenir à un résultat optimum rapidement. Cela demande du temps et de la persévérance. Il arrive fréquemment qu'à l'approche de l'échéance, le rapport de force s'inverse et qu'on trouve une solution à laquelle on n'avait pas pensé jusque-là. Le temps n'arrive peut-être pas à faire changer les gens mais il modifie les données d'un problème.

Après avoir examiné successivement le *pouvoir* et le *temps,* abordons maintenant la troisième grande variable : *l'information...*

6.

L'INFORMATION

Certains sentent la pluie,
D'autres se contentent d'être mouillés.
Roger MILLER

L'information, c'est le cœur de notre problème. Elle peut ouvrir la porte du succès. Elle influence notre façon de voir la réalité et les décisions que nous prenons. Pourquoi alors n'arrivons-nous pas toujours à rassembler les renseignements utiles ? Parce que nous avons trop tendance à ne considérer nos négociations que comme des affaires ponctuelles. Il est rare que nous réussissions à anticiper un besoin d'information avant d'en avoir une utilité concrète.

Nous ne nous engageons dans une négociation que sous la pression des événements. On se retrouve tout d'un coup dans le bureau du patron, chez le concessionnaire automobile ou sur le point de saluer le vendeur de réfrigérateurs. Évidemment, obtenir de l'information à ces moments-là présente d'énormes difficultés.

Lorsque nous avons parlé du *temps,* nous avons vu que l'échéance d'une négociation est plus souple qu'on ne croit. De même, le point de départ réel d'une négociation se situe des semaines, voire des mois avant la confrontation. En lisant ce livre, vous vous préparez déjà à de nombreuses négociations qui n'auront pas lieu avant longtemps.

En conséquence, une négociation n'est pas un *événement,*

mais un *processus.* Si vous me pardonnez la comparaison, une négociation c'est comme une maladie mentale. Par exemple, si le psychiatre déclare, le vendredi 6 juin à seize heures, que son patient est un malade mental, est-ce que cela signifie qu'il l'est devenu pile à ce moment-là ? Est-ce que ça veut dire qu'à quinze heures cinquante-cinq, il était en parfaite santé et que la folie est tombée sur lui en soixante secondes ? Bien sûr que non. Il ou elle présentait des symptômes bien avant; les maladies mentales sont des processus de longue durée.

Au cours de la négociation proprement dite, l'une ou les deux parties utilisent fréquemment une stratégie qui consiste à dissimuler ses véritables intérêts, besoins et priorités. Cette logique est fondée sur le principe que l'information, c'est du pouvoir, et donner de l'information à son interlocuteur est d'autant plus dangereux qu'on ne peut pas lui faire totalement confiance. Les acheteurs de chevaux ne laissaient jamais voir au vendeur quelle bête les intéressait vraiment, de peur de voir le prix grimper. Il est clair que vous bénéficiez d'un énorme avantage en sachant précisément ce que veut l'autre, quand et comment. Mais vos chances d'obtenir de tels renseignements d'un négociateur expérimenté sont très faibles.

Comment pouvez-vous rassembler ces informations ? Il faut s'y prendre bien à l'avance, car plus vous commencez tôt, plus il est facile de faire parler les gens. Une fois la confrontation entamée, on se tient davantage sur la défensive.

Pendant toute la période de récolte de l'information, donc avant la négociation elle-même, contentez-vous d'explorer le terrain, tranquillement et méthodiquement. Ne vous présentez pas comme le Grand Inquisiteur, mais plutôt comme une personne humble, tout ce qu'il y a de banal.

Certains prétendent que plus on a l'air important et sans défaut, et plus les autres auront tendance à se confier. En fait, l'inverse est vrai aussi. Plus vous semblez perdu et sans défense, plus les autres seront enclins à vous aider, en vous donnant renseignements et conseils. Alors, oubliez votre costume trois-pièces sombre ou le fond de teint; un ou deux petits boutons sur le nez ne vous handicaperont pas. Ce genre d'attitude vous permet d'écouter plus et de parler moins, de poser des questions plutôt que de donner des réponses. En fait, posez des questions même si vous en connaissez les réponses, car cela vous permet de vérifier la crédibilité de votre interlocuteur ?

Auprès de qui glaner l'information ? Auprès de toute personne susceptible d'avoir ou d'avoir eu un lien professionnel ou personnel avec celui à qui vous serez confronté pendant la négociation. Ceci comprend les secrétaires, assistants, ingénieurs, concierges, épouses, techniciens ou clients. Ils seront ravis de vous répondre si vous les abordez avec gentillesse.

Je peux vous assurer que, depuis des années que je suis dans la négociation, des tas de gens m'ont dit des tas de choses qui se sont révélées fort utiles. Un jour, alors que je travaillais dans un service des ventes, un contremaître m'a glissé, dans une conversation informelle : « Votre produit est le seul à avoir réussi tous nos tests de conformité » et, un peu plus tard : « Eh ! Cohen, quand est-ce qu'on recevra la livraison du mois prochain ? On est déjà en rupture de stock ! » J'ai bien enregistré ces informations et m'en suis souvenu, fort à propos, en négociant avec le directeur des achats.

Concrètement, il ne vous est peut-être pas toujours possible d'établir un contact direct avec des personnes proches de l'autre camp. Il faut alors recourir à des intermédiaires, utiliser le téléphone ou parler avec des gens qui ont déjà négocié avec ceux que vous rencontrerez. Tout le monde a une réputation, et il y a beaucoup à apprendre de l'expérience des autres.

Une autre source de renseignements se trouve chez les concurrents de votre adversaire, qui seraient éventuellement tentés de vous révéler les coûts habituels de la profession. Si, en tant qu'acheteur, vous arrivez à connaître les coûts du vendeur, cela vous assure un énorme avantage dans la négociation. Il n'est pas aussi difficile que vous pourriez le penser d'obtenir ces informations, car il existe beaucoup de brochures privées ou officielles, disponibles sur simple demande, et qui fournissent toutes sortes de renseignements de cette nature.

Rappelez-vous : ce que vous voulez savoir avant d'entamer une négociation, c'est la véritable limite de l'autre, c'est-à-dire le point au-delà duquel il ne cédera pas. Plus vous disposez d'informations concernant la situation financière de votre interlocuteur, ses priorités, ses échéances, ses coûts, ses besoins réels, plus vous êtes armé pour bien négocier. Et, plus vous vous y mettez tôt, plus cette documentation sera facile à réunir.

Dans la plupart des cas, il est plus payant de collecter de l'information par soi-même que de jouer la carte de l'humilité et de demander de l'aide. De toute manière, on ne vous « donne » pas vraiment des informations, on vous les échange. Vous êtes donc amené à fournir graduellement certaines informations, parce que :

1. Selon la Bible, il vaut mieux donner que recevoir.
2. Les gens malins ne dépasseront pas le stade du bavardage, s'ils sentent que vous n'êtes prêt à prendre aucun risque de votre côté. Ils ne partageront pas leurs informations avec vous, si vous ne faites pas de même avec eux. Pour convaincre quelqu'un d'avancer son pion d'une case, vous devez aussi avancer le vôtre en faisant des révélations équivalentes. Le risque partagé est le seul moyen d'établir un rapport de confiance mutuelle.
3. En donnant des informations au compte-gouttes pendant la phase de préparation d'une négociation, vous pouvez espérer réduire les attentes de l'autre camp.

Ce troisième point est particulièrement important car, si vous soulevez quelque chose de tout à fait nouveau pendant la négociation, vous vous exposez à une réponse du style : « Non, il n'a jamais été question de cela. »

Si cet effet de surprise apparaît alors que vous êtes proche de l'échéance, vous risquez de bloquer la conclusion de l'accord. En revanche, si vous avez déjà introduit cette nouvelle notion pendant la phase de préparation, que vous l'avez rappelée plusieurs fois, à intervalles judicieusement calculés, l'autre camp aura eu le temps de s'y habituer. Et, si cet aspect du problème est abordé pendant la négociation, vous avez plus de chance de vous entendre dire : « Ah oui, c'est dans l'air depuis un moment. » Autrement dit, il faut un certain temps pour se familiariser avec les idées nouvelles qui, une fois connues, sont mieux acceptées.

En conséquence, ne vous étonnez pas si on vous envoie promener lorsque vous présentez un concept neuf pour la première fois. « Non » est une réaction spontanée, pas une position mûrement réfléchie. Les gens qui réagissent négativement à une de vos propositions ont simplement besoin d'un peu de temps pour faire évoluer leur réflexion. En effet, avec suffisamment de temps et d'efforts de votre part, presque tous les « non » peuvent se transformer en « peut-être », puis en « oui ». Dans l'intervalle, ne manquez pas de fournir des informations complémentaires qui n'avaient pas été prises en compte au moment où l'on vous a dit « non », et vous êtes sûr de gagner la partie.

La réaction initiale des Américains à l'annonce de la destitution du Président Nixon en constitue un bon exemple. Lorsqu'on commença à en parler, un sondage, fait sur un échantillon représentatif de la population, révéla que 92 % des interviewés étaient contre; les raisons invoquées étaient les suivantes : « Je n'ai jamais entendu parler d'une chose pareille », « Cela affaiblirait la fonction présidentielle », « Cela serait un mauvais exemple pour l'avenir. »

Trois mois plus tard, un autre sondage était effectué sur le même échantillon, et le pourcentage de ceux qui n'étaient pas d'accord tomba à 80 %, un peu plus tard à 68 %. Et, avec la dernière vague de résultats, c'est-à-dire un peu moins d'un an après, on trouvait 60 % de gens qui étaient favorables au départ de Nixon.

Comment se fait-il que tous ces gens aient changé d'avis? Pour deux raisons :

1. Ils étaient mieux informés.
2. Ils s'étaient accoutumés à une idée nouvelle.

Rappelez-vous bien que changements et idées nouvelles ne sont acceptables que s'ils sont présentés doucement, par petites étapes successives. Cela vous sera très utile lorsque vous essayerez de faire évoluer la position de votre interlocuteur. Pour la majorité des gens, il est plus facile et plus confortable de coller à la routine, même s'il n'y a qu'un pas de la routine à l'encroûtement. Seule, la persévérance vous aidera à les faire changer et à atteindre vos objectifs.

Lorsque vous êtes assis à la table des négociations, vous devez vous efforcer de mettre en œuvre des techniques d'écoute efficaces. Si vous vous concentrez bien sur ce qui se passe, vous apprendrez beaucoup sur les sentiments, motivations et besoins réels de l'autre camp. Bien entendu, écoute attentive et observation fine ne veulent pas seulement dire que vous entendez ce qui se dit; il faut aussi comprendre ce qui est sous-entendu. Les gens n'osent pas trop mentir effrontément, mais certains n'hésitent pas à s'esquiver ou à tourner autour du pot. Quand le débat s'enlise dans les généralités, c'est le signal qui vous indique qu'il est temps de poser des questions précises, afin de clarifier ce qui est vraiment en train de se dire.

L'étude et l'interprétation des signaux se sont considérablement développées au cours de ces dernières années. Un signal est un message envoyé indirectement, dont le sens peut être ambigu et demande, par conséquent, un travail de décodage. Il existe trois grandes catégories de signaux :

1. *Les signaux fortuits* qui transmettent, par l'intermédiaire du comportement ou du langage, un message que l'on n'avait pas l'intention de faire passer (c'est le lapsus freudien).
2. *Les signaux verbaux :* l'intonation de voix ou l'accentuation de certains mots véhiculent un message apparemment contradictoire avec le contenu du discours.
3. *Les signaux corporels :* postures, expressions du visage, regards, gesticulations de mains, la place que quelqu'un choisit autour de la table des négociations, qui donne un petit coup de coude à qui, qui tapote l'épaule de qui (dans notre culture, on considère généralement que les tapoteurs ont plus de pouvoir que les tapotés) sont autant d'indices à déchiffrer.

Pour mieux expliquer ce que j'entends par signaux corporels ou « vibrations non verbales », imaginez cette scène. Un mari, parti en voyage d'affaires pendant plusieurs semaines, revient chez lui. Il a mené une existence monacale et compte bien rattraper le temps perdu. En arrivant, valise à la main, il remarque une lumière tamisée, s'approche et perçoit une musique douce qui vient du salon. Il accélère le pas, gagné par une certaine inquiétude. Il aperçoit alors, dans l'encadrement de la porte, une femme, qui a l'air d'être la sienne, dans un déshabillé transparent, un verre de Martini dans chaque main.

Il lui demande : « Mais où sont les enfants ? »

Et elle répond : « Ils ne seront pas là avant un bon moment. » Maintenant, je vous demande si ça ce n'est pas un signal ! Pour certains, cela veut peut-être dire qu'ils se sont trompés de maison !

Il reste que nous vivons dans un monde où des signaux non verbaux sont émis et reçus. Comment une femme fait-elle savoir à son mari que ce soir, c'est le bon soir, alors qu'habituellement ce n'est jamais le moment ? Est-ce qu'elle lui écrit une petite note : « Objet : activités de la soirée. Merci d'annuler tous les engagements antérieurs ? »

Depuis notre plus tendre enfance, nous avons tous appris à communiquer nos besoins et nos goûts à notre entourage sans recourir aux mots. Cette capacité nous est restée, et elle se manifeste souvent par un sourcil froncé, un sourire, une mine renfrognée, un clin d'œil ou un regard fuyant. L'ensemble de ces signaux forme un véritable langage du corps.

Si l'on en croit le nombre croissant de publications et de conférences sur le sujet, il est clair que les gens sont de plus en plus fascinés par l'art d'envoyer et de décoder les messages non verbaux *. On a même reconnu officiellement cette discipline, en l'élevant au rang d'une science, appelée proxémique – l'étude de l'espace et du mouvement des hommes. Quant à la valeur de ce langage sans mot dans le cadre d'une négociation, elle reste limitée. En effet, l'interprétation du langage corporel est généralement évidente; néanmoins, on peut se tromper en accordant une signification universelle à un geste isolé, sans tenir compte du contexte.

Voici un exemple de situation où l'interprétation est assez facile. À cause d'une course imprévue et urgente, vous arrivez

* C'est le thème de l'ouvrage *Lisez dans vos adversaires à livre ouvert*, par Nierenberg et Calero, Éditions Businessman/Albin Michel.

en retard à votre travail. Vous entrez hors d'haleine dans votre bureau, et trouvez le patron assis à votre place. Il s'enfonce dans votre siège, croise ses bras derrière la tête et, les yeux rivés sur la pendule, vous demande l'air de rien : « Vous savez quelle heure il est ? » En admettant que votre patron sache lire l'heure, vous n'avez pas besoin d'être grand clerc pour comprendre ce qui se passe.

Quant à essayer de classer et d'analyser tous les mouvements du corps, l'exemple qui va suivre devrait suffire. Imaginez que vous voulez me vendre un service ou un produit, et qu'au milieu de notre discussion, je commence à me gratter le menton avec le pouce et l'index. Qu'est-ce que cela veut dire ? Suis-je décidé ou non à acheter ? Je ne crois pas que quiconque puisse le dire. Freud lui-même n'aurait pas pu savoir. Cela peut vouloir dire que j'ai un bouton, que je me suis coupé en me rasant, que j'essaye de me faire une fossette à la Cary Grant, que j'essaye de dissimuler mon double-menton ou que j'ai un tic neuromusculaire dont je n'ai même pas conscience.

Bien que je pense que c'est une perte de temps de vouloir interpréter, hors contexte, tous les petits gestes du quotidien, il n'en est pas moins vrai qu'il est très important de déceler ce qui est réellement communiqué. Si certaines personnes sont devenues obsédées par la recherche de vibrations non verbales, plus nombreuses encore sont celles qui restent au ras des pâquerettes. Ce sont les saints Thomas d'aujourd'hui, qui ne croient que ce qu'ils voient ou entendent. Ils rabâchent sans cesse les mêmes phrases : « Mettons tout ça par écrit », « Ici, on se conforme aux règles écrites », et finalement : « Pourquoi suis-je toujours le dernier informé ? » Ils ne lisent pas le contenu d'une note, mais examinent à la loupe la qualité de l'écriture. Pour paraphraser H.L. Mencken, c'est le genre de personne qui, après avoir remarqué qu'une rose sent meilleur qu'un chou, en déduit que cela fait aussi de meilleures soupes.

En tant que négociateur, vous devez être sensible aux facteurs non dits qui interviennent dans toute communication. Saint Paul lui-même disait : « La lettre tue, mais l'esprit donne la vie. » Donc, pendant une négociation, obligez-vous à rester un peu en retrait, afin de pouvoir écouter avec votre troisième oreille et regarder avec votre troisième œil. Ce détachement vous permettra de replacer les mots dans leur contexte, et d'appréhender le schéma général de la situation. Quand on négocie, la signification des signaux est utile si elle est replacée dans un ensemble et indique la direction du mouvement.

Afin de montrer que les signaux, pris en contexte, peuvent être pertinents, je livre cet exemple à votre réflexion. Admettons que vous essayez de vendre une idée à votre patron. Au début de votre exposé, vous vous rendez compte qu'il regarde fixement par la fenêtre. Ce signal, en lui-même et par lui-même, peut ne revêtir aucune signification particulière, exactement comme lorsque je me grattais le menton. Vous poursuivez votre démonstration. Le patron, lui, s'enfonce plus profondément dans son fauteuil, fait une pyramide avec ses doigts et vous regarde à travers. Voici un nouveau signal qui, relié au premier, acquiert un certain sens. Vous continuez cependant à parler, tandis que le patron se met à marteler son bureau du doigt. Encore un signal supplémentaire qui forme un ensemble avec les deux précédents. Est-ce que ce martèlement veut dire : « C'est bien, continuez comme ça! » ? Sûrement pas. Celui qui prend tout au pied de la lettre penserait probablement : « Mon patron a le rythme dans le sang. »

Puis, le patron se lève, met son bras autour de votre épaule et vous reconduit à la porte. Nouveau signal. Si vous êtes un tant soit peu observateur, le faisceau de signaux crève les yeux. (Un autre se demanderait : « Que se passe-t-il? Pourquoi une si soudaine démonstration d'affection? Mais où veut-il en venir? Je croyais qu'il était marié! ») Mais, on peut espérer que vous ne faites pas partie de ces gens-là.

Évidemment, j'exagère un peu, mais ce qu'il faut retenir c'est que tenir compte d'un ensemble de signaux vous renseigne sur la qualité de la prestation que vous êtes en train de fournir, et donc sur les chances que vous avez d'aboutir. Si les choses ne se passent pas comme prévu, il vous reste un peu de temps (c'est-à-dire jusqu'à la porte) pour rectifier le tir.

Comment peut-on appliquer ce principe à la négociation? L'élément fondamental que tout négociateur aimerait connaître, c'est la limite réelle de l'autre camp, ou si vous préférez jusqu'où ils iront pour conclure l'affaire. Autrement dit, quel est le prix le plus bas qu'acceptera le vendeur, ou le prix maximum que voudra bien payer l'acheteur ? On peut très souvent s'en faire une idée en observant l'esprit de conciliation dont fait preuve son interlocuteur.

Imaginons que je marchande avec vous le prix d'une chaîne stéréo qui comporte des raffinements technologiques inédits sur le marché. Disons que mon budget se limite à 10 000 francs. Dans la mesure où votre produit est tout nouveau, vous voulez en tirer le maximum pour voir l'état de la demande sur un produit de technologie de pointe.

Si je vous fais une première offre à 6 000 et une seconde à 8 000 francs, à combien estimerez-vous mon budget réel ? S'il ne règne pas une grande confiance entre nous, vous pouvez très bien penser que j'ai, en réalité, 10, 11 ou même 12 000 francs à consacrer à cet achat. Pourquoi ? Parce que la différence entre mes deux offres est si grande que vous penserez probablement que j'ai plus de 10 000 francs. Même si je vous jure que je ne dispose pas de plus, et même si c'est vrai, il y a peu de chances pour que vous me croyez.

On a toujours tendance à n'accorder qu'un crédit relatif aux protestations de l'autre camp. Et, on sait d'expérience que le baromètre le plus fiable pour connaître la véritable limite de quelqu'un, c'est d'observer le crescendo de ses propositions.

Dans ce contexte, voici comment je peux vous faire comprendre que 10 000 francs est bien mon plafond. Je fais une première offre à 6 000 francs que vous rejetez. Mon second essai se situe à 7 200 francs. Puis, je monte à 8 000 francs. Après quelques minutes de réflexion, je vais jusqu'à 8 600 francs. Enfin, je propose 9 154,62 francs, mais avec une réticence bien marquée. Il est alors plus facile de vous faire comprendre que je n'ai que 10 000 francs, car j'ai procédé par petites étapes, au lieu de me conduire comme un soudard.

Certains de mes lecteurs, disciples de Howard Cosell, pourraient dire : « Je n'aime pas jouer la comédie. Pourquoi ne pas dire les choses telles qu'elles sont ? » C'est votre droit le plus strict, mais rappelez-vous que *pour atteindre votre but, dans un environnement concurrentiel, vous êtes obligé de jouer le jeu.* Si vous ne voulez pas en entendre parler, vous avez une autre possibilité : établissez une relation de confiance avec votre interlocuteur. En admettant que vous y parveniez, vous réduisez d'autant la part du jeu. Mais, quelque part, vous aurez tout de même adapté votre comportement à ce qui est « votre réalité », et donc joué un jeu.

Ceci me rappelle une expérience amusante avec quelqu'un qui, justement, refusait ce type de jeu. Un de mes voisins, membre d'une profession libérale (c'est-à-dire qu'il aime bien gagner de l'argent, mais surtout pas en parler), avait vu sa maison endommagée par un orage et vint me trouver en disant : « Herb, pouvez-vous me rendre un petit service ? Un type de la compagnie d'assurances doit venir estimer les dégâts. Vous, qui avez l'habitude de ce genre de choses, pourriez-vous le recevoir à ma place ? »

Je répondis : « Avec joie. Combien voulez-vous obtenir ? »

Il répliqua : « Essayez de faire en sorte qu'ils me remboursent 2 000 francs, d'accord ? »

J'acquiesçai et demandai : « Mais combien avez-vous vraiment déboursé à cause de cet orage ? »

Il répondit : « Sûrement plus de 2 000 francs.

Et moi : « Alors, si j'essayais 3 000 ? »

Il prit congé sur ces mots : 3 000, ça serait formidable ! »

Une demi-heure plus tard, l'assureur sonnait à ma porte. Je le fis entrer dans le salon; il ouvrit son attaché-case et me dit : « Monsieur Cohen, je sais que vous êtes habitué à traiter de grosses sommes; je crains donc de vous décevoir en vous faisant une première offre, assez modique, de 800 francs. »

Je gardai le silence quelques instants et devins tout blanc. Vous savez, j'ai appris à réagir aux premières offres par une attitude qui veut dire en gros : « Vous ne pensez pas ce que vous dites. Vous êtes devenu fou ou quoi ? Je ne peux pas accepter une chose pareille ! » De plus, cela fait un moment que je sais qu'une première offre est nécessairement suivie d'une seconde, et éventuellement d'une troisième. D'autre part, le fait qu'il ait utilisé le mot « modique » signifiait que lui-même était gêné de son prix; par conséquent, pourquoi en aurais-je été satisfait ?

« Bon d'accord, excusez-moi et oublions ce que je viens de

dire. Que penseriez-vous d'une somme un peu supérieure, 1 500 francs par exemple ? »

Je répondis : « Non, définitivement non. »

Il reprit : « Bon, alors 2 000 ? »

Après une légère pause, je dis : « 2 000 ? Ma foi, je ne sais pas. »

Il ravala sa salive et me dit : « Disons 3 000. »

Je continuai : « 3 000 ? Ma foi, je ne sais pas. »

Et lui : « Mettons 4 000 francs. »

Et moi : « 4 000 ? Ma foi, je ne sais pas. »

Et lui : « Alors 5 000 ! »

Maintenant, je vous le demande, que croyez-vous que je répondis ? Bravo, vous avez gagné ! « 5 000 ? Ma foi, je ne sais pas. » Pourquoi n'ai-je cessé de répéter : « Ma foi, je ne sais pas ? » Ma foi, je ne sais pas ! En tout cas, ça a marché du tonnerre; d'ailleurs, je n'ose plus dire autre chose !

L'affaire fut finalement conclue à 7 500 francs et, en allant chez mon voisin pour lui faire signer les papiers, il me félicita et demanda : « Mais comment avez-vous fait ? », et je répondis : « Ma foi, je ne sais pas. »

Encore aujourd'hui, je ne suis pas sûr de m'être si bien débrouillé dans cette négociation; c'est plutôt l'assureur qui, par inadvertance, a dévoilé ses batteries trop tôt.

Moralité : Observez bien les paliers que marque votre interlocuteur, ils vous renseignent sur ses véritables limites.

Partie III

LES DIFFÉRENTS STYLES DE NÉGOCIATION

Ne cédez jamais à la colère; ne proférez jamais de menace. Parlez avec les gens.

Don CORLEONE
Le Parrain

Il y a quelques années, pendant un voyage en avion, mon voisin me demanda : « Qu'est-ce que vous faites dans la vie ? »

Je répondis : « Je suis négociateur. »

Son œil se mit à briller et il essaya de réprimer un sourire entendu. D'après sa réaction, ce type devait penser que je vendais des poutres métalliques à des co-propriétaires d'immeubles en briques.

Malheureusement, cette interprétation négative du mot « négociateur » est très répandue. Dès qu'on l'entend, on pense automatiquement à un manipulateur véreux essayant de rouler une victime sans défense. Bien sûr, ça existe, mais ce n'est pas le seul moyen d'arriver à ses fins. En réalité, il existe de très nombreux styles de négociation, qui vont de la compétition (je gagne-tu perds) jusqu'à la collaboration (nous pouvons gagner tous les deux), en passant par d'innombrables stades intermédiaires.

Nous étudierons en priorité les deux modèles extrêmes :

Dans le chapitre 7, « Gagner à tout prix... Le style soviétique », nous verrons comment les négociateurs manœuvrent pour atteindre leur but au détriment du camp opposé. Même si vous n'avez pas l'intention de mettre en pratique une telle stratégie, vous devez être capable de la démasquer, pour ne pas en faire les frais.

Puis, dans les chapitres 8 et 9, « Négocier pour une satisfaction partagée » et « Détails sur la technique Tous Bénéfices », on laissera de côté les démarches visant à anéantir l'adversaire pour se consacrer à celles qui sont susceptibles de résoudre un problème sans léser personne. Dans ce cas, tout le monde travaille à l'élaboration d'une solution originale répondant aux besoins de chacun.

7.

GAGNER À TOUT PRIX... LE STYLE SOVIÉTIQUE

Les doux hériteront de la terre
– mais pas des droits miniers du sous-sol.
J.-P. GETTY

Alfred P. Doolittle chante dans *My Fair Lady :*
« Dieu tout Puissant a créé l'homme pour qu'il aide son prochain
Où qu'il soit, sur terre, sur mer ou ailleurs,
Mais avec un peu de chance,
Quand votre prochain se présentera, vous ne serez pas chez vous. »

La chanson est anglaise, mais les paroles, écrites par Alan Jay Lerner, pourraient fort bien s'appliquer à tout l'Occident. Pour beaucoup, nous vivons dans un monde de compétition où le succès se mesure moins à ce qu'on réussit compte tenu de ses possibilités qu'au nombre de ceux que l'on a éliminés. Notre société est dominée par des virtualités de gain ou de perte, et la concurrence pour l'admission dans un bon collège est aussi féroce que celle que se livrent Mac Donald et Burger King.

Certains en déduisent que la vie n'est qu'un combat continuel entre des gagnants et des perdants. Ils voient un monde peuplé de rivaux, de gens qui veulent leur prendre leur situation, leur standing, leur argent, leur avancement, leur place de parking et même leur conjoint.

Le négociateur qui a l'esprit de compétition envisage tout comme une lutte permanente entre des gagnants et des perdants. C'est un rude bagarreur qui veut atteindre son but à tout prix, sans se préoccuper des besoins et des aspirations des autres. Il ne met jamais en doute le bien-fondé de ses convictions et de sa démarche. Pour un tel personnage, chaque victoire est un sujet de très grande allégresse.

Bien que de telles façons de voir et d'agir ne puissent être mises en œuvre que dans certaines limites, il y a des gens qui en usent systématiquement sans faire de différence entre un partenaire et un adversaire. Bien qu'ils ne se soucient que de leur propre réussite, ils provoquent simultanément la défaite de l'autre camp. Et, si les rapports entre les parties sont permanents, l'issue de la négociation ne manquera pas d'hypothéquer leurs relations ultérieures.

Cette approche de type compétitif (« gagnant contre perdant ») est visible à chaque fois qu'une personne ou un groupe cherche à atteindre son objectif aux dépens d'un interlocuteur considéré comme un adversaire. Pour l'emporter sur la partie opposée, les efforts déployés vont de l'intimidation pure et simple à des formes plus subtiles de manipulation. J'appelle cette stratégie le « style soviétique ». L'expression me semble bien convenir car, plus que quiconque, les dirigeants d'URSS essaient délibérément de gagner au détriment des autres nations ou collectivités.

Comprenez-moi bien : je ne fais pas allusion à un type de tractations national ou ethnique. Je parle d'un style de négociation, pas de géographie. Certains de nos compatriotes, qui ont un excellent pedigree et évoluent dans notre entourage, tentent aussi d'appliquer ce style soviétique.

Comment identifier ces négociateurs « gagnant contre perdant » ? Bien entendu, ils s'efforcent de ne jamais dévoiler leur jeu. Ils sont trop malins pour se démasquer en tant que « Soviétiques ». Apparemment déférents et prévenants, ils semblent être attentifs à vos besoins. Ils vous abordent le sourire aux lèvres et l'œil brillant d'un éclat chaleureux. Au figuré, ils portent une Bible et une gourde d'eau bénite dans la main gauche. De la droite, ils vous bénissent en murmurant doucement : « Allez en paix, mon fils. » Ce n'est qu'après leur départ que vous remarquez une traînée de sang derrière vous. Alors seulement, vous avez du mal à enlever votre veste à cause du poignard enfoncé dans votre dos et vous grommelez : « Salaud de Soviétique ».

Lorsqu'ils sont partis et que vous avez compris le tort qu'ils vous ont causé, il n'y a plus grand-chose à faire. Encore une fois, comment reconnaître le style soviétique ? Tous les « Soviétiques », qu'ils viennent de Moscou ou de Lyon, conduisent leurs négociations sur le même tempo en six mouvements :

1. *Des positions initiales extrêmes.* Ils commencent toujours par présenter des exigences rigoureuses ou des offres ridicules qui minent le moral de leurs interlocuteurs.
2. *Une autorité limitée.* Leurs négociateurs n'ont, par eux-mêmes, que peu ou pas de latitude pour faire des concessions.
3. *Une tactique d'intimidation.* Leur visage devient cramoisi, ils élèvent la voix et prennent l'air exaspéré, comme s'ils étaient en train de se faire rouler. Ils pourront même quitter la réunion en claquant la porte.
4. *Les concessions adverses sont interprétées comme autant de signes de faiblesses.* Si vous pliez ou concédez quelque chose, ils ne vous rendront probablement pas la politesse.
5. *Durs à la détente pour transiger.* Ils tardent à faire des concessions, et, quand ils finissent par s'y résoudre, il n'y a qu'un changement minime dans leur position.
6. *Peu importe les échéances.* Ils se montrent patients et font comme si le temps perdu était sans importance pour eux.

Ces six traits caractéristiques du style soviétique ayant été esquissés, laissez-moi préciser chaque point par des exemples précis et quelques analogies.

1. Des positions initiales extrêmes

Chaque fois qu'ils veulent acheter quelque chose de grande valeur, ils font une première offre des plus mesquines. Cela se passe généralement en secret, et même à huis clos afin d'éviter les surenchères d'autres acheteurs. Cette tactique tend à faire croire au vendeur qu'il n'a pas d'autre choix que de traiter avec eux. Par exemple, quand apprenait-on que les Russes avaient acheté du blé américain ou canadien ? C'était souvent alors que la marchandise était déjà chargée à bord de tankers spécialement affrétés pour les livraisons outre-mer. C'est pour cette raison que l'on a parfois parlé de ces transactions comme de la « Grande Escroquerie Céréalière ».

Voici un autre exemple des façons de faire des Soviétiques lorsqu'ils sont acheteurs. Il y a près de trente ans, ils voulaient acquérir un terrain sur la côte nord de Long Island pour y construire un centre de plein air destiné au personnel de leur ambassade. À l'époque, la surface dont ils avaient besoin valait dans ce quartier entre 360 000 et 500 000 dollars et la propriété sur laquelle ils avaient jeté leur dévolu était très normalement mise en vente à 420 000 dollars.

Les Russes proposèrent-ils de payer 420 000 dollars ou au moins 360 000 ? Jamais de la vie! Conformément à leur tactique, ils firent une première offre à 125 000 dollars. C'était vraiment risible, mais personne n'a ri. Comment les Soviétiques s'en sont-ils sortis ? Comme d'habitude : ils ont négocié en secret pour éliminer toute concurrence éventuelle.

Ils payèrent une petite somme pour avoir une option d'achat valable un an, plus l'assurance que l'affaire resterait des plus discrètes. Les propriétaires savaient bien qu'une offre de 125 000 dollars n'était pas sérieuse, mais, à cause de cette clause de secret, ne pouvaient recevoir d'autres propositions. Après trois mois de marchandage et de déceptions, ils marmonnèrent : « Nous savions que votre offre était ridicule, mais peut-être étions-nous nous-mêmes *un peu* haut. » Psychologiquement, les Soviétiques les avaient manœuvrés comme des pions sur un échiquier.

Quand les Soviétiques sont vendeurs, ils font exactement le contraire. Ils présentent des exigences démesurées et laissent la porte ouverte à des enchères compétitives. Montant les acquéreurs possibles les uns contre les autres, les excitant pour qu'ils renchérissent les uns sur les autres, ils parviennent à élever le montant de l'accord final à des sommes astronomiques.

On trouve un bon exemple de cette méthode dans la vente des droits de retransmission télévisée des jeux Olympiques de Moscou en 1980 (avant le boycott américain qui rendit ce débat purement académique).

Entre les prix payés en 1960 par CBS pour les jeux Olympiques de Rome et en 1976 par ABC pour ceux de Montréal, les droits avaient considérablement augmenté en évoluant à peu près comme suit :

1960 – 500 000 dollars
1964 – 3 millions de dollars
1968 – 5 millions de dollars
1972 – 13 millions de dollars
1976 – 22 millions de dollars

Les Soviétiques, avec leur ruse proverbiale, pulvérisèrent tous les pronostics que l'on pouvait faire pour la suite. Pendant les jeux d'été à Montréal, les grands patrons des trois réseaux de la télévision américaine furent conviés à une somptueuse réception à bord de l'« *Alexandre Pouchkine* », ancré sur le Saint-Laurent. Chacun, pris séparément, fut informé des exigences soviétiques, soit 210 millions de dollars comptant! Progression plus exponentielle que géométrique.

Pour susciter des enchères compétitives, ils firent ce que j'ai indiqué plus haut, c'est-à-dire qu'ils organisèrent un combat sans merci entre les intéressés. Ayant invité les représentants d'ABC, NBC et CBS dans la capitale soviétique, ils les forcèrent à jouer les gladiateurs s'entre-tuant dans une arène romaine. Roone Arledge, alors à la tête d'ABC Sports, commenta avec amertume : « Ils veulent faire de nous trois scorpions luttant dans une bouteille; ils y gagneront deux morts et un vainqueur complètement épuisé. »

J'ai été, pour partie, témoin de ce combat entre les laquais de Moscou et les grands manitous de Manhattan. En effet, j'ai assisté à un des cocktails organisés pour maintenir l'ardeur des gladiateurs à un niveau élevé; je n'ai d'ailleurs jamais siroté de meilleure vodka, dégusté un caviar plus savoureux, ni vu de visages plus tendus et déterminés.

Au départ, les enchères étaient les suivantes : NBC : 70 millions de dollars; CBS : 71 millions de dollars, et ABC était monté jusqu'à 73. On pensait alors que l'expérience d'ABC en matière de retransmission des JO l'aiderait à remporter le morceau. Cependant, CBS s'assura les services de Lothar Bock, un courtier munichois, et, par son entremise, une rencontre fut arrangée, en novembre 1976, entre les négociateurs soviétiques et William S. Paley. Cette occasion permit à CBS de revenir très fort dans la compétition, après avoir accepté, une fois de plus, d'augmenter son offre, sans parler de quelques autres concessions.

Chacun pensa que CBS l'avait emporté sur ses concurrents. Mais c'était compter sans l'ardeur soviétique au « grignotage ». En effet, début décembre 1976, ils annoncèrent un nouveau round. Les responsables de CBS avaient perdu le moral mais revinrent à Moscou pour le dernier acte qui devait se jouer le 15 décembre. Ce jour-là, les Soviétiques informèrent les trois réseaux que les pourparlers, qui avaient eu lieu jusque-là, avaient simplement permis la qualification de chacun d'entre eux à la phase finale de l'adjudication. Les Américains, parfaitement scandalisés de l'impudence de leurs hôtes, laissèrent tout tomber pour rentrer chez eux.

Les négociateurs soviétiques se retrouvèrent les mains vides, ce qui, en URSS, est une position plus que fâcheuse. Si des officiels américains échouent dans une négociation, leur niveau de vie peut s'en ressentir. Mais, quand cela arrive à leurs homologues soviétiques, c'est leur vie même qui peut être en jeu.

Prêts à tout pour raviver cette compétition, les Russes avancèrent une quatrième solution. Ils déclarèrent que les fameux droits seraient attribués à une obscure société américaine, SATRA, qui avait une agence à New York. SATRA n'était pas vraiment ce qu'on peut appeler un grand groupe de communication et lui confier un tel travail, c'était un peu comme dire à un enfant qui a un Polaroïd : « Fais de ton mieux, mon petit, les jeux Olympiques sont à toi. »

Usant habilement de SATRA comme d'un levier, les Soviétiques suggérèrent à Lothar Bock de reprendre contact avec les grands réseaux. Il s'exécuta et, à toutes fins utiles, offrit ses services et son carnet d'adresses à NBC. Démarchant et cajolant tour à tour les uns et les autres, Bock finit par faire adjuger les droits à NBC pour 87 millions de dollars.

En plus de cette somme, NBC accepta de verser à Bock environ 6 millions de dollars d'honoraires, et une rallonge pour ses notes de frais. Naturellement, la suite des événements fit regretter à NBC cette victoire sur ses concurrents. Ajoutons que les Soviétiques n'avaient pas avancé sérieusement cette demande exorbitante de 210 millions de dollars. On apprit par la suite qu'ils comptaient conclure la vente des droits entre 60 et 70 millions de dollars.

Bien que les exemples cités ci-dessus concernent exclusivement l'Union soviétique, des procédés similaires ont cours depuis longtemps dans notre société. Il y a de nombreuses années, je travaillais pour une grande compagnie d'assurances dont la philosophie officielle se résumait ainsi : « Un règlement prompt et équitable pour les réclamations justifiées ainsi qu'une attitude courtoise et prévenante envers tous. »

En dépit de ces nobles sentiments, l'entreprise favorisait surtout les agents qui rebutaient leurs clients par des offres de départ misérables, dans la meilleure tradition du Kremlin. Cette tactique marchait parce que les intéressés pensaient qu'ils n'avaient pas d'autre possibilité que de s'entendre avec l'agent qui, à leurs yeux, était tout-puissant. Et pourtant, ils avaient bien des solutions de rechange : se plaindre auprès du Ministère, écrire au président de la compagnie, passer par-dessus la tête de cet agent et rendre personnellement visite au chef du service des réclamations, soumettre l'affaire au tribunal et désigner un avocat pour les représenter, ou même tout simplement attendre que le temps leur règle leur compte.

Tout aussi familières sont les situations où le prix demandé est excessif et où une compétition intense est suscitée entre des acheteurs éventuels. On a tous vu comment fonctionnent les ventes aux enchères, avec les manœuvres des uns contre les autres qui ressemblent à un combat acharné entre marchands de tapis. Il est bien connu que, chaque fois qu'ils offrent un produit ou un service rares, les vendeurs exploitent l'avidité des clients potentiels qui veulent satisfaire leurs besoins immédiatement. Il y a quelques années, la Mazda RX7, une voiture d'importation japonaise, était tellement demandée que certains concessionnaires orchestrèrent un concert d'offres et de surenchères qui aboutit à faire vendre ce modèle 2 000 dollars de plus que son prix affiché.

Pourquoi ces tactiques soviétiques « gagnant contre perdant » réussissent-elles si bien ? Parce que nous ne les combattons pas. Nous nous laissons impressionner par des positions initiales extrêmes, puis nous sommes déconcertés en découvrant que les gens avec lesquels nous sommes en train de négocier semblent, eux, ne pas y être habilités.

2. *Une autorité limitée*

Supposons que je sois un représentant d'International Harvester, et que l'on m'ait confié une mission en URSS pour vendre des tracteurs. Si les Soviétiques sont intéressés, je finirai par rencontrer une délégation de négociateurs chevronnés appartenant à l'une des agences officielles pour le commerce extérieur. Il ne s'agira évidemment pas des gens qui superviseront l'usage du matériel en question, et encore moins de ceux qui signeront le contrat d'achat. Parce que, en Union soviétique, tout est décidé par un groupe restreint au Politburo, les interlocuteurs qui siégeront en face de moi pendant trois mois n'auront pas une miette du pouvoir discrétionnaire de faire des concessions ou de passer des accords.

Qu'en résulte-t-il ? Moi, j'ai toute latitude pour signer un contrat, mais mes interlocuteurs doivent, au moindre geste, en référer à un commissaire qui n'est jamais là. S'ils ne sont pas habilités à décider, que se passera-t-il pendant nos discussions ? Je pourrai faire de nouvelles offres et toujours plus de concessions, en échange desquelles je n'obtiendrai d'eux que de la vodka et de grandes démonstrations d'amitié.

Ne pouvant prolonger mon séjour indéfiniment, je serai obligé de faire progresser le débat, d'une façon ou d'une autre. Et, mon seul moyen sera de continuer à présenter des conditions toujours plus avantageuses pour eux. Résultat : je finirai par jouer contre mes intérêts. Voilà pourquoi il ne faut jamais négocier avec quelqu'un qui n'a pas l'autorité nécessaire pour décider. La seule exception à cette règle, c'est quand on se sent vraiment très seul. Mais on négocie alors pour quelque chose qui déborde largement le cadre de ce livre.

Une variante de ce scénario est souvent pratiquée par les concessionnaires automobiles qui n'accordent que des pouvoirs très limités à leurs vendeurs du magasin d'exposition. Immanquablement, le vendeur auquel on s'adresse s'excusera un moment pour aller s'entretenir avec son chef. Qu'il y aille vraiment ou non, peu importe; mais, il profitera de ce répit pour évaluer les chances qu'il a de vendre la voiture.

Il y a de ça quelques années, j'étais à Chicago pendant un hiver particulièrement froid et voulais acheter une voiture d'occasion. Comme la température était bien en dessous de zéro, je fis une offre et me montrai assez pressé de conclure cet achat. À mon grand amusement, le vendeur avec qui je discutais prétendit qu'il n'était pas habilité à traiter à ce prix et me dit : « Un moment, s'il vous plaît, il faut que j'aille en parler à mon patron dans la cabane là-bas. » Je vous demande un peu : croyez-vous qu'il y avait vraiment quelqu'un dans cette cabane? Est-ce qu'un être humain aurait pû y survivre tout un hiver?

Mais il ne faut pas tomber dans l'extrême inverse. N'accordez les pleins pouvoirs, ni à vous-même ni à quelqu'un qui négocie en votre nom. Quelqu'un en mourant a dit : « Quoi que vous fassiez, je suis d'accord... Vous avez carte blanche. » Rappelez-vous Neville Chamberlain qui était venu à Munich négocier avec Hitler, lui aussi avait les pleins pouvoirs mais il se révéla un bien piètre négociateur.

Si vous accordez à quelqu'un une grande marge de manœuvre, veillez à l'associer à la définition d'un objectif auquel il croit, car il doit se sentir très fortement lié à sa réalisation. Vos négociateurs ne sont pas des garçons de course, mais des gens responsables qui doivent jouir de votre confiance au moins jusqu'à un certain point. En définitive, dites-leur : « Allez-y et tâchez d'obtenir tel prix. Si vous réussissez, c'est bien, sinon revenez me voir et nous en rediscuterons. »

J'ai signalé plus haut que la personne la plus mal placée pour négocier en votre nom, c'est vous-même. Parce que vous êtes trop impliqué affectivement, vous perdez facilement une vision claire de la situation. De plus, discutant d'affaires vous concernant personnellement, vous avez les pleins pouvoirs et donc pouvez être tenté de prendre des décisions précipitées sans vous être donné un temps de réflexion convenable.

Comment échapper à ce risque? En vous imposant à vous-même certaines limites à ne pas dépasser. Par exemple, en vous jurant, avant ou pendant la négociation, que vous ne paierez pas plus de 4 000 francs pour une télévision, et que si vous ne pouvez pas l'avoir à ce prix aujourd'hui, vous rentrez chez vous. En d'autres termes, conformez-vous à vos propres diktats.

Puisqu'une autorité illimitée est un handicap dans la négociation, il s'ensuit que le plus haut responsable d'une organisation, quelle qu'elle soit, en est aussi son plus mauvais négociateur. Tout le monde sait que le pire négociateur pour une ville c'est son maire, pour un État son gouverneur, et pour l'Amérique son Président. L'homme peut être brillant, patient et compétent, mais il a trop d'autorité.

Je voudrais maintenant aborder un autre aspect des méthodes soviétiques : le recours à des émotions qui ont l'air parfaitement spontanées.

3. Une tactique d'intimidation

Pendant des années, les Russes ont jeté les papiers en l'air et claqué les portes des réunions sans le moindre motif. Ils peuvent même se livrer à des attaques personnelles dans le seul but de provoquer, désarçonner ou intimider leurs adversaires. On n'oubliera jamais Nikita Khrouchtchev tapant sur la table avec sa chaussure lors d'une session des Nations unies. Quand les gens l'apprirent, ils s'indignèrent : « Cet homme n'est qu'un barbare; il a bafoué une institution internationale. Si mon fils se conduisait comme ça, je dirais qu'il fait un caprice d'enfant gâté. Il suffit que ce type prenne un coup de sang, un matin au réveil, pour qu'il fasse sauter toute la planète. »

Plusieurs mois après cet incident, quelqu'un fit agrandir la photo de Khrouchtchev en train de brandir sa chaussure, puis l'étudia à la loupe. À sa grande surprise, il découvrit

aux prix exorbitants de la carte, puis commandons nos plats et boissons. En sirotant mon Martini, je vous demande : « Dites-moi, combien pensiez-vous me demander pour ces logiciels ? »

Vous répondez : « Eh bien, pour être franc avec vous, Herb, je pensais à quelque chose comme 800 000 francs. »

J'explose, frise l'apoplexie et me mets à hurler : « Vous êtes complètement malade! 800 000 francs, mais c'est dément. Vous me prenez pour qui ? »

Tout le monde nous dévisage; vous vous mordez les lèvres avec embarras et murmurez : « Chut. »

J'élève encore le ton d'un décibel : « Vous avez vraiment perdu la tête! C'est du vol caractérisé! »

Vous êtes tellement mal à l'aise que vous voudriez disparaître sous la table, d'autant plus que beaucoup de clients de cet établissement vous connaissent, alors qu'ils ne m'ont jamais vu. Le maître d'hôtel vous regarde sans savoir quelle contenance prendre. Quant au garçon qui tient une brochette d'agneau flambée, il n'ose même plus approcher de peur de prendre un mauvais coup. Vous savez dans votre for intérieur que les membres de l'assistance sont en train de se demander : « Qu'est-ce qu'il a bien pu dire pour provoquer ce type ? Est-ce qu'il a vraiment essayé de le rouler ? » En feignant l'indignation, je vous ai intimidé à la manière « soviétique ». Si, après coup, vous acceptez encore de me parler, ce ne sera sans doute pas dans un lieu public. Et, en tout cas, vous vous attendrez à obtenir une somme très nettement inférieure à vos 800 000 francs.

Assez curieusement, le *silence,* qui est beaucoup plus facile à faire sur commande, se révèle parfois tout aussi efficace que les larmes, la colère et l'agressivité.

De tous ces procédés émotionnels, c'est celui qui a le plus d'impact sur moi. Ma femme et moi sommes heureux en ménage depuis ving-deux ans, mais quand il nous arrive de nous disputer, elle emploie toujours sa tactique suprême : le silence, la retraite ou, comme je dis, l'abstinence. Vous comprendrez mieux ma vulnérabilité si je vous dis que je suis souvent absent de la maison. Supposons que je rentre d'un voyage outre-mer de deux semaines, avec un grand besoin d'amour et de tendresse. J'ouvre la porte un peu nerveusement et m'écrie : « Coucou! Chérie, où es-tu ? »

Silence.

Après avoir attendu une réponse, je recommence : « Eh! C'est moi, je viens d'arriver. Y a quelqu'un ? »

Silence.

Après un temps qui me semble interminable, ma femme finit par se montrer. Elle a l'air très réservée et complètement indifférente à mon arrivée. Néanmoins, je me précipite vers elle en claironnant : « Chérie, me voilà, je suis rentré. »

Silence.

« Qu'y a-t-il ? Quelqu'un de malade ? Quelqu'un est mort ? Mais qu'est-ce qui ne va pas ? »

Silence.

Son visage est parfaitement inexpressif et elle me regarde comme si j'étais transparent. Je me dis : « Oh, oh, elle sait quelque chose que je ne sais pas. Le mieux, c'est encore d'avouer. » Mais si ce que j'avoue n'est pas ce qu'elle attend ? Je me retrouverai avec deux problèmes au lieu d'un.

Quand vous infligez à quelqu'un un tel silence, vous le forcez souvent à parler, ne serait-ce que pour se donner une contenance. Il vous donne ainsi des informations que vous n'auriez pas eues sans cela, et le rapport de force s'en trouve modifié à votre avantage.

Il existe encore bien d'autres tactiques émotionnelles que l'on rencontre souvent. Le *rire* en est une : si vous avez décidé de ne pas discuter sérieusement, si vous préférez changer de sujet ou si vous voulez désarçonner quelqu'un, un éclat de rire tonitruant fera autant d'effet que le tranchant d'une épée de samouraï.

Supposons que vous ayez décidé de vous débarrasser de ce qui encombre votre grenier; pendant le week-end, je m'arrête chez vous pour voir vos marchandises et découvre une vieille luge sur laquelle est posé un bout de papier manuscrit qui dit : « Antiquité rare. Prix à débattre. » Comme *Citizen Kane* a été de tout temps mon film préféré, j'ai envie de m'offrir ce « Rosebud ». Vous approchez et je vous dis : « Je vous offre 50 francs pour la luge. »

Soudain, pour une raison inconnue de moi, vous éclatez de rire. Qu'est-ce que je me dis ? « Qu'est-ce qu'il y a de si drôle ? Ma braguette est peut-être ouverte ? Bon, je n'aurais pas du commencer si bas pour une véritable antiquité! » Il faudrait être vraiment très sûr de soi et de ses connaissances en matière de vieilles luges pour ne pas faire alors une offre nettement supérieure.

Battre en retraite est une autre manœuvre émotionnelle intéressante. Un départ précipité peut alarmer et embarrasser celui qui reste planté sur place, surtout s'il ne s'y attendait pas. Cela ouvre alors une nouvelle série de problèmes et de solutions tout en suscitant une certaine inquiétude quant à l'avenir.

Imaginez la situation suivante : Un couple se retrouve après une journée de travail pour dîner dans un restaurant tranquille. Au milieu du repas, la femme informe son mari qu'on vient de lui proposer une magnifique promotion, avec augmentation de salaire de 50 %, à la seule condition qu'elle accepte d'aller s'installer dans une autre région. Rien qu'à voir la tête du mari, il est clair qu'il ne partage pas vraiment l'emballement ou la fierté de son épouse.

Il demande : « Et qu'est-ce que je deviens, moi ? »

Elle répond : « Ne t'inquiète pas; tu viendras avec moi. Quant à ton travail, tu n'auras pas de mal à retrouver aussi bien *n'importe où.* »

Tout à coup, sans prévenir, il dit sobrement : « Excuse-moi », se lève et se dirige vers la porte.

Cinq minutes après ce départ inattendu, elle pense à ce qui vient de se passer et, à travers ses impressions contradictoires, essaye de faire le point sur la situation :

Est-il parti parce qu'il était fâché ?

Est-ce qu'il a eu un malaise ?

Il est peut-être allé tout simplement mettre une pièce dans le parcmètre.

Ou alors, il est aux toilettes ou en train de donner un coup de fil.

Est-ce que j'ai dit quelque chose qui l'a vexé ?

Est-il déprimé ou seulement jaloux ?

Me reste-t-il assez d'argent pour payer le restaurant ?

Lui est-il arrivé un accident ?

Est-ce qu'il m'a quittée pour de bon ?

Va-t-il revenir ?

Comment vais-je rentrer à la maison?

Comme pour augmenter son angoisse, le garçon demande alors : « Je sers les deux plats maintenant, ou je les garde au chaud jusqu'au retour de votre ami ? »

À propos d'angoisse, la *menace voilée* est une arme très puissante. Elle table sur l'imagination de l'adversaire. Voyez-vous, si l'autre croit qu'on est en mesure de lui faire du mal, la menace, en elle-même, est beaucoup plus inquiétante que sa réalisation.

Par exemple, si nous sommes engagés dans une négociation conflictuelle et que je veux augmenter votre niveau de stress, je jouerai habilement sur les généralités et les ambiguïtés. Ainsi, je ne dirai pas : « Je vais vous casser l'index de la main droite. » Non seulement, c'est trop précis, mais en plus c'est carrément vulgaire. Je préférerai vous regarder droit dans les yeux en disant : « Je n'oublie jamais un visage et je règle toujours mes comptes. » Qui peut savoir ce que cela signifie? Mais si vous me pensez capable de vous faire un mauvais coup, assez fou et déterminé pour cela, votre calme peut s'en ressentir sérieusement.

Naturellement, le vrai « Soviétique » un tant soit peu malin mettra rarement sa menace à exécution; il en fera juste assez pour rester crédible. Car, une fois l'acte accompli, la tension baisse, l'adversaire s'adapte et fait face.

En 1979, à La Nouvelle-Orléans, on se trouva devant la menace d'une grève de la police, susceptible de faire annuler les festivités traditionnelles du Mardi Gras. Aussi longtemps que la menace resta crédible, les partisans de la constitution d'un syndicat dans la police purent faire pression sur la municipalité pour l'amener à céder.

Mais lorsqu'ils commirent l'erreur de déclencher effectivement la grève et d'obliger la ville à abréger le Mardi Gras, l'opinion publique se retourna contre eux et ils perdirent tous les moyens de pression. Résultat : Pas de syndicat dans la police!

Il y a plusieurs années, je suis allé à Ravinia, un festival de musique qui se tient chaque été dans un faubourg nord de Chicago. Comme il est toujours difficile de se garer, je me réjouis de trouver une place dans une paisible voie privée, pas trop loin de la manifestation. En sortant de ma voiture, je remarquai sur le pare-brise du véhicule de derrière un papier qui ressemblait à un prospectus. Curieux de nature, je m'arrêtai pour le lire et vous résume ici son contenu :

> « Ce véhicule stationne sur une voie privée. La marque, le modèle et le numéro d'immatriculation ont été relevés. En cas de récidive, le véhicule sera remorqué à la casse, l'intérieur détruit par le feu et la carcasse compressée en un cube d'environ 40 cm sur 120. Le cube sera expédié (en port dû) à votre adresse pour servir de table à café et vous rappeler de ne plus stationner sur une propriété privée. »

C'était sûrement une plaisanterie. Cependant, ne sachant pas jusqu'à quel point on pouvait se fier à son auteur, et ayant plus besoin d'une voiture que d'une table à café, je décidai d'aller me garer ailleurs.

Quoiqu'il y ait encore un grand nombre d'autres tactiques émotionnelles, en voici une, pour clore cet échantillon représentatif, qui devrait vous sembler assez familière. Écoutez cette conversation téléphonique entre une mère et sa fille, adulte et autonome.

LA MÈRE : Bonjour Pat, tu sais qui c'est? C'est ta...

PATRICIA : Allô maman! Comment vas-tu? Je voulais t'appeler.

LA MÈRE : Ça va, tu n'as pas besoin de m'appeler; je ne suis que ta mère après tout. C'est pas la peine que tu dépenses ton argent pour moi.

PATRICIA : Ah! Maman... J'ai eu beaucoup de travail. Comment te sens-tu?

LA MÈRE : Comment une personne de mon âge peut-elle se sentir? Bon, écoute, pour fêter ton anniversaire samedi, j'ai invité mes meilleures amies du club, et j'ai déjà commandé un superbe gâteau et tout ce que tu aimes bien manger, alors...

PATRICIA : Mais maman, je comptais partir en week-end; je t'en avais parlé...

LA MÈRE : Quoi? Tu veux dire que tu ne peux pas te libérer quelques heures pour venir me voir?

PATRICIA : Non, ce n'est pas ça. Mais tout était prévu et je...

LA MÈRE : Très bien, Pat, je comprends. Je suis désolée de

t'avoir dérangée. Je dirai à mes amies que tu es trop occupée pour venir.

PATRICIA : Je t'en prie, maman, je n'ai jamais dit ça.

LA MÈRE : Non, non... Je comprends. Ne te fais pas de souci pour moi, je m'arrangerai autrement. Après tout, aucune loi n'oblige une fille à aller voir sa mère.

Cette scène est peut-être un peu mélodramatique, mais on y reconnaît bien le recours à la *mauvaise conscience.* Dans « L'homme qui avait deux mille ans », Mel Brooks brosse une caricature magistrale de l'usage de cette tactique. Il montre un père et une mère qui se traînent sous la pluie pour aller rendre visite à leur fils dans sa caverne. À leur arrivée, ils sont chaleureusement accueillis et invités à entrer. Mais ils restent humblement dehors, en disant : « Ça va. C'est assez bon pour nous de rester sous la pluie. Ça nous est égal. »

Le coup de la mauvaise conscience se fait surtout avec les intimes, mais on peut aussi en user au-delà du cercle de la famille et des amis. Vous est-il déjà arrivé de demander une augmentation à votre chef, et de l'entendre répondre : « Vous pensez avoir motif à vous plaindre, mais laissez-moi vous parler du calvaire que je vis tous les jours. » Quelle que soit l'injustice de votre sort, ses griefs contre la direction générale rendent les vôtres dérisoires en comparaison. Il vous surpasse très largement! Quand vous quittez ce martyr, vous vous sentez égoïste de l'avoir importuné avec de mesquines doléances.

Pourquoi les gens recourent-ils à ces manœuvres émotionnelles? *Parce que ça marche!* Enfin, ça ne marche que si l'on ne se rend pas compte de ce qui se passe réellement. On se dit : « C'est sa manière d'être, on n'y peut rien. » Comme s'ils étaient nés avec le chromosome de la manipulation. Sans doute, la majorité des gens ne joue pas délibérément de telles comédies; ils se contentent de retourner inconsciemment aux techniques qui ont prouvé leur efficacité afin de garder l'avantage dans toute situation. Cependant, il faut bien admettre que pour certains, l'usage de la compassion et de la mauvaise conscience constitue le meilleur rôle de leur répertoire quotidien.

J'ai entendu parler d'un représentant en articles de bureau

qui avait élevé cette tactique au rang de véritable science. Quand il était en tournée, il mettait un chronomètre dans la poche gauche de sa chemise, sous sa veste. Ce sympathique vendeur parlait pratiquement sans interruption, depuis l'instant où il avait franchi le seuil. Quand il avait l'impression d'avoir raté sa vente, il s'arrêtait tout près du client, apparemment pour prendre congé. Puis, d'un air abattu et déprimé, il lui donnait une longue poignée de main.

Du fait qu'ils se tenaient très proches l'un de l'autre, le client potentiel pouvait alors percevoir un léger tic-tac. En l'entendant, le client demandait d'habitude : « Mais, qu'est-ce qui fait ce bruit ? »

Jouant l'étonné, le vendeur se tapotait le cœur en disant : « Oh! ce n'est rien, juste mon pacemaker. Au fait, ça vous ennuierait de me donner un verre d'eau ? » D'après ce qu'on m'a dit, il avait toujours son verre d'eau, et après, arrivait le plus souvent à vendre sa marchandise. La personne qui m'a raconté cette histoire fut elle-même victime du procédé; on lui a refilé une perforatrice, une agrafeuse et une calculette avant qu'elle ne s'aperçoive que les pacemakers sont silencieux.

La plupart d'entre nous rejettent de telles méthodes pour des motifs d'ordre moral. J'estime qu'il ne s'agit pas de les imiter ou de les condamner, mais de les comprendre. D'ailleurs, si l'on élimine la part de mensonge éhonté et qu'on utilise cette tactique de la mauvaise conscience pour servir un noble idéal, tout le monde trouve ça très bien.

Le Mahatma Gandhi est généralement révéré comme le grand prêtre de la non-violence, mais ses procédés n'étaient rien d'autre qu'une variation sur le thème de la mauvaise conscience. En effet, cet ascète émacié disait en substance à la Grande-Bretagne : « Si vous n'accordez pas à l'Inde son indépendance, je ferai une grève de la faim sur la place publique. Chaque jour, mon état empirera et l'opprobre de ma mort pèsera sur votre âme. » Son but était peut-être élevé, mais ses moyens reprenaient exactement la bonne vieille tactique de la mauvaise conscience qui, une fois encore, a réussi, en mobilisant l'opinion mondiale et en forçant les Anglais à modifier leur politique coloniale.

Pourquoi ai-je tant insisté sur cette manœuvre émotionnelle

de type « soviétique » ? Pas pour vous inciter à l'utiliser, mais pour vous aider à la reconnaître et donc éviter d'en faire les frais. La seule compréhension d'une ruse et de ses mécanismes, même les mieux camouflés, ne suffit pas à vous pervertir. Connaître le diable n'est pas, en soi, un péché. Pour commettre un péché, il vous faudrait être conscient du procédé, avoir l'intention d'en user et en user effectivement. Qu'on ne se méprenne donc pas : Je veux que vous puissiez identifier cette ruse, mais pas l'appliquer.

Rappelez-vous toujours qu'une tactique n'est efficace que si elle n'est pas repérée en tant que telle. Sinon, votre adversaire se retrouve avec un revolver sur la tempe, mais un revolver sans balle. Bref, *une tactique démasquée n'est plus une tactique!*

Par exemple, revenons au « grignotage ». Supposons que je suis entré dans le magasin et, qu'après avoir choisi et essayé mon costume, je lance : « Que diriez-vous de me donner une cravate en prime ? »

Qu'arrive-t-il si le vendeur comprend la manœuvre ? Il peut s'esclaffer et, au milieu de son fou rire, me dire : « Oh! Le bel exemple de grignotage; j'ai adoré la façon dont vous l'avez amené. Mais, ça ne serait pas chic de garder ça pour moi, il faut en faire profiter les autres. » À ce moment-là, il appelle ses collègues : « Eh! Arnold, Larry, vous pouvez venir ? Je veux vous en faire entendre une bien bonne. C'est à hurler de rire. » Se tournant vers moi, toujours plié en quatre, il s'écrie : « Il faut la refaire pour eux... *depuis le début,* ça va beaucoup leur plaire! »

Comment pensez-vous que je vais réagir à tout ce cirque ? Il est probable que, troublé et embarrassé, je marmonnerai : « Ah! Je ne faisais que plaisanter. Donnez-moi donc deux costumes, à plein tarif naturellement. »

Arrêtons-nous encore un instant sur le grignotage. Admettons que vous êtes vendeur dans un magasin, ou quelqu'un qui a investi une grosse somme dans une affaire, et un quidam essaye de vous grignoter quelque chose. Vous avez trois moyens de parade pour lui faire renoncer à sa tentative :

1. *« Je ne peux pas le prendre sur moi. »* Faites-lui clairement comprendre que vous voudriez bien pouvoir

l'aider, mais que, malheureusement, vous n'êtes pas qualifié pour donner suite à sa demande. Dites : « Je regrette, la dernière personne qui a fait ça s'est fait virer et croupit au chômage depuis. »

2. *La légitimité.* Affichez au mur un avis spécifiant fermement : « Nous n'entretenons pas la fidélité de nos clients par de petits cadeaux. »
3. *« Comprenez » la plaisanterie.* Reconnaissez la tactique sans insister trop lourdement, félicitez le client d'y réussir aussi bien. Vous plaisantez avec le client, vous ne vous moquez pas de lui.

Parler des moyens de contrer les tactiques émotionnelles m'amène à évoquer une question qui m'a souvent été posée ces derniers temps, généralement par des femmes occupant des fonctions importantes dans une société ou l'administration. Le problème se pose souvent au cours de réunions avec des collègues ou des supérieurs. Il semble que, lorsqu'un manager en jupons est en train d'exprimer son opinion ou de présenter un rapport, il y a toujours un type qui trouve moyen de se faire remarquer en tapant sur la table ou en élevant la voix. On me demande donc : « Comment faire face à cette tentative d'intimidation ? »

D'emblée il importe de bien comprendre que celui qui a un problème, c'est le soi-disant intimidateur, « l'affreux jojo ». La victime de cette incorrection doit donc ignorer la provocation et garder son calme. N'en venez pas aux mains, mais ne vous écrasez pas non plus devant cette brute. Continuez avec assurance à exprimer des propos sensés. S'il persiste, baissez un peu la voix en dessous de son niveau normal. Et, si ses divagations se poursuivent, on ne pourra plus vous entendre, mais votre maîtrise de vous-même contrastera positivement avec son comportement infantile. Du coup, l'assistance prendra parti pour vous, et le malotru cessera de faire rire.

Très souvent, ceux qui recourent à ce genre de manœuvres les ont apprises quand ils étaient enfants. Après expérience, les tactiques qui réussissaient étaient répétées, et celles qui aboutissaient à des punitions étaient abandonnées.

Récemment, j'ai entendu dans un grand magasin un enfant

dire à sa mère : « Si tu ne m'achètes pas un jouet, je me couche sur l'escalier roulant, na! » Cinq minutes plus tard, le gosse repassait devant moi avec un jouet sous le bras, affichant un sourire très satisfait. Si un gamin de cet âge tire systématiquement profit de ses menaces et caprices, il conservera cette habitude pour s'imposer aux autres.

Cependant, on peut considérer que lorsqu'un adulte se permet occasionnellement des éclats de voix, il ne s'agit que d'un comportement involontaire. En pareil cas, la meilleure attitude est d'attendre la fin de l'explosion, puis de remercier la personne d'avoir exprimé son point de vue avec autant de force et de clarté.

Une telle réaction de votre part fera presque toujours regretter à l'intéressé son emportement, et contribuera peut-être même à le rendre plus conciliant par la suite.

Comme les trois autres démarches du style « soviétique » sont de la même veine que ce qui a été décrit ci-dessus, nous pouvons maintenant les passer un peu plus vite en revue.

4. Les concessions adverses interprétées comme autant de signes de faiblesse

Déjà du temps des tsars, les Russes respectaient un pouvoir qui marquait aux étrangers une méfiance confinant parfois à la paranoïa. Aujourd'hui, ils continuent de croire que le meilleur moyen de s'assurer la coopération d'autrui, c'est d'afficher une volonté ferme de recourir à la force. En cela, leur conception de la détente ressemble à celle de l'Empire romain, qui maintenait la paix (la Pax Romana) en se fondant sur une détermination souvent effective de recourir aux armes.

Tandis que les diplomates occidentaux considèrent la négociation comme un compromis entre des positions conflictuelles, le Kremlin y voit une bataille à gagner, un combat de rue où tous les coups sont permis. Et, si leur adversaire fait preuve d'une certaine élégance, alors ils commencent à douter de sa force réelle.

Apparemment, cette recherche forcenée de la victoire ne

s'est pas imposée dans notre culture occidentale même si, dans certains domaines, prévalent des attitudes très compétitives. C'est le cas, par exemple, pour les élections présidentielles, les sports de combat, les procès et même pour le monde des affaires où l'on parle parfois « d'arracher une promotion » ou d'« écraser la concurrence ».

On peut penser que nos compatriotes de type « soviétique », qui croient qu'une compétition impitoyable fait partie du plan divin, extrapolent à partir d'observations limitées à ces quelques secteurs. Malgré cette minorité d'adeptes du « gagnant contre perdant », nous sommes généralement d'accord pour accepter des solutions où tout le monde trouve son compte. En conséquence, il nous arrive d'attribuer, à tort, les mêmes motivations et la même philosophie à tous ceux à qui nous avons affaire.

Cela signifie que lorsque n'importe quel négociateur occidental se trouve face à une impasse, il est souvent disposé à faire les premiers pas pour que la situation évolue. Il suppose bien entendu que l'autre camp, faisant preuve de la même sincérité et du même esprit de conciliation, lui rendra la politesse. Mais quand on traite avec un partenaire de style soviétique, les choses ne se passent pas du tout ainsi.

Pendant les pourparlers de paix à la fin de la guerre de Corée, chacun précisa ses exigences sur l'emplacement d'une nouvelle frontière entre le Nord et le Sud. Évidemment, les positions étaient très éloignées les unes des autres. De façon assez imprévisible, les négociateurs des Nations Unies, dédaignant les principes élémentaires du marchandage, firent immédiatement une concession majeure. En essayant de nous montrer conciliants avec les « Soviétiques » nord-coréens, nous n'avons fait que dévoiler nos batteries. Et cette attitude, au lieu d'être perçue comme raisonnable, a donné à nos adversaires l'impression que nous manquions de détermination et les a conduits à durcir encore leur position.

L'Amiral américain C. Turner Joy, qui dirigeait la délégation de l'ONU à Pan Mun Jom, admit par la suite que cette concession d'entrée de jeu (qui resta sans écho) avait conféré aux communistes un avantage important dans les négociations. Commentant cette expérience, il écrivit : « Notre tendance à considérer qu'une situation bloquée doit se dénouer par des concessions mutuelles favorise le développement de manœuvres dilatoires de la part des communistes ». Donc, si l'on concède généreusement quelque chose à un « Soviétique » (quelle que soit sa nationalité), inutile d'attendre un quelconque geste de réciprocité.

Vous vous rappelez le projet d'achat par les Soviétiques d'une propriété sur la côte nord de Long Island ? Nous avons vu qu'ils en avaient offert 125 000 dollars alors que le prix demandé était de 420 000 dollars. Quand, au bout de trois mois, les vendeurs ramenèrent leur prix à 360 000 dollars, quelle fut la réponse soviétique ? Avant de répondre, je vous demande : « Que ferait la majorité d'entre nous dans un cas pareil ? »

En se conformant au dicton : « Ce que vous donnez vous sera rendu au centuple », nous ferions une contre-proposition plus élevée que l'offre misérable de départ.

Les négociateurs de l'Union soviétique, tout comme les Nord-Coréens, ne firent rien de tel. Au contraire, ils se maintinrent fermement à 125 000 dollars et virent dans le rabais consenti, non une bonne manière mais un manque d'obstination et un signe de faiblesse. En conséquence, ils en restèrent pendant huit mois à leur offre primitive, puis consentirent, dollar par dollar, à monter jusqu'à 133 000.

C'était à prévoir, comme le montre d'ailleurs la tactique suivante.

5. *Durs à la détente pour transiger*

Au départ, il faut bien comprendre que les Soviétiques disposent de deux avantages inhérents à leur système quand ils négocient avec les Occidentaux :

1. *Ils sont mieux informés.* Du fait du caractère hermétique de leur société qui contraste avec la liberté dans laquelle nous vivons, ils savent d'emblée beaucoup plus de choses sur nos intérêts réels, nos priorités et nos échéances que nous sur les leurs. Leurs représentants et agents ont accès à nos médias audiovisuels, lisent nos journaux et sont même abonnés à nos publications scientifiques.

Quant à nous, ce que nous savons d'eux, c'est pour l'essentiel ce que le Politburo veut bien nous dire.

2. *Ils ont plus de temps.* En règle générale, la mobilité est faible à l'échelon suprême du Kremlin. Qu'il s'agisse de Khrouchtchev, Brejnev ou Gromyko, leur règne paraît sans fin. En comparaison, les pays occidentaux changent souvent de gouvernement car les mandats présidentiels sont beaucoup plus courts. Et, nos dirigeants sont d'autant plus incapables de jouer sur le temps qu'ils sont constamment soumis à des sondages de popularité et à la pression d'une opinion exigeant des résultats rapides et tangibles.

La nature même de leur système, avec contrôle étatique des médias et absence de responsabilités, leur permet de se payer le luxe de la patience.

Grâce à cet atout, ils peuvent se fixer des échéances plus lointaines pour réaliser leurs objectifs. Pendant ce temps, ils essayent de nous avoir à l'usure, opposant sans arrêt des « Niet » et n'accordant, à intervalles interminables, que de maigres contreparties.

Pour la plupart des Occidentaux, « Le temps c'est de l'argent », ce qui nous conduit à respecter scrupuleusement délais et horaires. Parallèlement, nous avons appris à révérer l'efficacité et préférons donc les réunions et négociations menées rondement.

Ce qui compte le plus dans le résultat d'une négociation, c'est l'importance et le nombre de concessions faites par un camp, au regard de celles consenties par son adversaire.

Les négociateurs soviétiques, d'où qu'ils viennent, cherchent toujours à vous faire faire la première concession. Ensuite, ils essayent d'éviter de vous rendre la pareille. Quand vous leur cédez quelque chose, ce que vous recevrez en échange aura comparativement moins de valeur. En s'imposant la patience, ce type de négociateurs s'efforcent d'obtenir de votre part des concessions plus importantes et nombreuses que celles qu'ils vous font.

6. Peu importe les échéances

Dans tout cet exposé sur le genre de négociation « gagnant contre perdant », j'ai pris comme modèle les pratiques de l'Union soviétique. Indubitablement, la clef de leur tactique, servant de pivot autour duquel gravitent les autres éléments, c'est le *temps.*

Comme nous l'avons vu, chaque fois que l'on négocie avec un « Soviétique », il faut être patient. Tout démarrera comme prévu, mais les temps de latence sembleront interminables. Si vous tentez de hâter le mouvement, votre demande sera prise en considération et abondamment discutée, mais rien ne changera. Même quand ils touchent au but, ils ne sont pas pressés car ils savent que toutes les échéances résultent d'une négociation... Donc, elles sont négociables! Ils essayent de vous convaincre que l'échéance initialement prévue tient toujours, mais eux n'en ont jamais été vraiment persuadés.

Revenons à l'achat de cette propriété de Long Island, là où nous l'avions laissé, c'est-à-dire quatre mois avant l'expiration de l'option. Les Soviétiques offraient 133 000 dollars contre un prix demandé de 360 000 dollars. À partir de là, les choses évoluèrent peu, sauf dans les toutes dernières semaines où les propositions soviétiques tombèrent en rafales (à gauche le compte à rebours jusqu'à l'échéance, à droite les montants offerts) :

20 jours avant : 145 000 dollars
5 jours avant : 164 000 dollars
3 jours avant : 176 000 dollars
1 jour avant : 182 000 dollars
Jour de l'échéance : 197 000 dollars

On peut déduire de ce tableau que la position soviétique a surtout bougé pendant les cinq derniers jours avant l'échéance. Au jour J, on pouvait considérer que les deux camps avaient irrémédiablement échoué. Il restait entre eux un écart considérable : les Soviétiques offraient maintenant

197 000 dollars, alors que les vendeurs continuaient à en demander 360 000.

L'agent immobilier s'apprêtait à remettre le domaine sur le marché, quand il fut contacté par les Russes. Après une nouvelle semaine de fiévreuses négociations, les Soviétiques payèrent comptant 216 000 dollars au propriétaire qui avait désespérément besoin d'argent pour cause de « difficultés de trésorerie ».

Il va sans dire que le prix final ne résume pas l'ensemble de l'anecdote; mais, en l'occurrence, il est évident que le montant payé par les acquéreurs restait nettement inférieur aux prix couramment pratiqués dans ce quartier. En tout cas, cette négociation illustre de façon théâtrale le style « soviétique » en pleine action.

L'épilogue ne manque pas non plus de piquant. Les Russes avaient leur propriété, mais devaient encore obtenir une dérogation au plan d'aménagement du territoire pour pouvoir l'utiliser comme prévu. Ils se rendirent au bureau compétent, où ils rencontrèrent l'ancien propriétaire qui continuait à bouillir d'indignation.

Après avoir soumis plusieurs versions différentes de leur plan (ce qui prit encore un temps fou), les Soviétiques comprirent qu'ils ne décrocheraient jamais l'autorisation nécessaire. Donc, presque un an après, ils revendirent le domaine pour 372 000 dollars. Un peu plus tard, ayant mis un bémol à leur tactique de négociation, ils firent l'acquisition d'un terrain à King's Point (Long Island), non loin de l'ancienne propriété de la famille Guggenheim.

Encore une fois, je vous ai décrit en détail le style « soviétique », non à titre d'exemple, mais pour que vous puissiez reconnaître cette tactique, et ne plus en être victime. Comme je l'ai déjà dit plus haut, *une tactique dévoilée n'est plus opérationnelle.*

Pour que la tactique « soviétique » réussisse, il faut qu'elle remplisse ces trois conditions :

1. *Pas de relations continues.* La négociation doit viser une *transaction unique*; ainsi, l'instigateur de la manœuvre est assuré qu'il n'aura plus jamais besoin de sa victime. Sinon, il peut remporter une victoire à la Pyrrhus, mais

au risque d'hypothéquer lourdement les négociations suivantes.

Disons, par exemple, que moi, négociateur soviétique, je vous ai « poignardé » dans le dos et que j'ai réussi à filer à l'anglaise. Allez-vous réaliser que je me suis fichu de vous ? Peut-être pas immédiatement, mais tôt ou tard, vous finirez par comprendre ce qui s'est passé. Même si vous arrivez à oublier le sang qui souille vos chaussures, il y aura toujours une âme charitable pour vous dire poliment : « Excusez-moi, mais il y a un objet métallique qui sort de votre dos et... tiens, vous saignez très abondamment. » Même si vous êtes particulièrement long à la détente, vous ferez le rapprochement avec moi.

Votre immense contrariété ne vous sera que d'un maigre secours. Mais, si nous étions appelés à nous revoir, vous pourriez m'attendre au tournant. Et, à supposer que cette seconde rencontre se solde à nouveau par un échec pour vous, vous pourriez très bien penser : « Je plonge encore une fois, mais je le ferai plonger avec moi. »

Autrement dit, vous irez jusqu'à vous sacrifier vous-même pour avoir ma peau. Vous adoptez alors la stratégie du *perdant avec perdant* qui peut se résumer par l'expression : « Nous souffrirons tous ensemble. »

2. *Pas de remords après coup.* Que cela dérive de conceptions éthiques ou religieuses, nous avons quasiment tous un certain sens du fair-play. Or, si après avoir remporté une victoire, le souvenir des moyens employés torture votre conscience en vous accablant de sentiments de culpabilité et de remords, est-ce que cela valait vraiment la peine de gagner ? Comme disait la regrettée Janis Joplin : « On ne transige pas avec soi-même, sinon on n'a plus rien. »

   Seuls, ceux qui pensent que la fin justifie les moyens ne se poseront jamais ce genre de problème.

3. *La victime doit être inconsciente.* La victime potentielle doit avoir une certaine dose de naïveté, d'innocence ou d'ignorance, au moins pour un temps. Si le gibier comprend qu'on est en train de le chasser, il est probable

qu'il ne restera pas planté dans la ligne de tir. Donc, quelle que soit l'habileté du chasseur, la coopération d'une proie sans défense est absolument nécessaire.

Ne serait-ce que pour cette raison, il est souhaitable de pouvoir reconnaître les méthodes « gagnant contre perdant ». Si plus de gens y faisaient attention, nous pourrions empêcher les « Soviétiques » de notre entourage de remporter des victoires faciles sur des partenaires inattentifs. Il est évident que si la connaissance de tels procédés était plus répandue, nous pourrions les neutraliser et réduire les risques encourus.

Bon, parlons un peu de vous, cher lecteur. Comment vous protéger pour ne pas vous retrouver avec un poignard dans le dos et du sang qui dégouline partout? Réponse : En étant capable de prévenir et identifier le style soviétique.

Souvenez-vous que pour qu'un « Soviétique » puisse tendre son piège, il doit être certain de n'avoir affaire à vous qu'une seule fois. Donc, si votre vieille guimbarde vient à rendre l'âme, et que vous vous précipitez chez un garagiste qui vend des voitures d'occasion en plein centre de Paris, de Lyon ou de Marseille, à quel genre de manœuvre vous exposez-vous? Comparez-les avec les pratiques d'un vendeur de voitures neuves à Limoges ou à Rennes qui tient à sa réputation s'il veut conserver sa clientèle et faire tourner sa boutique.

Quelles que soient les circonstances, si le comportement de votre interlocuteur fait clignoter un petit signal dans votre tête : « Attention! Gagnant contre perdant », vous avez trois possibilités :

1. Vous pouvez toujours vous débrouiller sans lui; donc, virez de bord et prenez le large. Comme la vie est courte, vous pouvez même vous offrir le plaisir de lui dire d'aller se faire voir.
2. Si vous en avez le temps et l'envie, descendez dans l'arène. En jouant habilement, vous pourrez peut-être prendre le diable à son propre jeu.
3. Essayez de transformer la relation « gagnant contre perdant » en un échange coopératif où les deux camps trouveront leur intérêt.

Dans les chapitres suivants, je vous montrerai pourquoi et comment on peut faire évoluer le débat, et vous expliquerai la façon de mener les négociations à la satisfaction des deux parties.

8.

NÉGOCIER POUR UNE SATISFACTION PARTAGÉE

L'argent parle... Mais
Dit-il la vérité?

Voici maintenant une légende qui fait aujourd'hui partie du folklore des négociations :

Un frère et une sœur se disputent des restes de gâteau; chacun en revendique le plus gros morceau et veut éviter de se faire rouler par l'autre. Juste au moment où le garçon s'est emparé du couteau et s'apprête à s'approprier la part du lion, le père ou la mère intervient.

Dans la meilleure tradition du roi Salomon, le parent dit : « Attendez! Celui qui coupera le gâteau laissera *l'autre* choisir le morceau qui lui convient. » Ainsi, pour préserver ses intérêts, le garçon finira par faire deux parts rigoureusement égales.

Le conte est très ancien, mais la morale sous-jacente s'applique encore de nos jours. Nombreuses sont les situations où les attentes des protagonistes ne s'opposent pas fondamentalement. Si, au lieu d'essayer d'enfoncer son interlocuteur, on s'efforce de résoudre le problème qui se pose, tout le monde est gagnant.

L'objectif d'une négociation « tous bénéfices » est de parvenir à un résultat acceptable pour les deux parties en présence. On considère généralement que le conflit est inhérent à la nature humaine. Mais, si on le voit plutôt comme un problème à résoudre, on peut trouver des solutions originales qui satisfont les deux camps et contribuent même parfois à les rapprocher.

Il s'agit peut-être d'une simple coïncidence, mais dans les négociations salariales entre patronat et syndicats, on utilise régulièrement la métaphore du gâteau; on entend souvent dire : « On demande seulement notre part du gâteau! » Toutefois, si le gâteau est représenté par une certaine somme d'argent, ce que l'un empoche est nécessairement au détriment de l'autre. Prenons l'exemple suivant :

Après des discussions infructueuses, un syndicat vote la grève. Même si les salariés finissent par obtenir satisfaction, le montant des salaires impayés pendant les jours de grève sera supérieur aux avantages acquis.

Parallèlement, du fait de l'arrêt de travail, la direction perdra plus que si elle avait cédé tout de suite aux revendications syndicales. On voit donc que la grève pénalise les deux camps. Sans grève, ils auraient pu, dans un climat de confiance mutuelle, parvenir à un accord qui fasse l'unanimité.

Malgré cette évidence, on continue à voir des grèves qui, non seulement font perdre de l'argent aux patrons et aux salariés, mais encore nuisent à l'ensemble du public, à l'économie et même à l'intérêt national. Pourquoi ? L'explication dérive en partie de l'analogie avec le gâteau. Quand tout le monde convoite une somme déterminée et commence à se disputer à coups d'arguments, de contre-arguments, de conclusions et d'ultimatums, il y a peu de chances d'arriver à une bonne solution. En pareil cas, il faudrait au contraire voir la complémentarité des intérêts réels et se demander : « Comment unir nos efforts pour que le gâteau soit plus gros et qu'il y en ait davantage à distribuer à chacun ? »

Évidemment, cela ne concerne pas uniquement les relations avec les syndicats; en y réfléchissant un peu, vous verrez que cela englobe également presque toutes vos négociations.

Puisque la nature ne crée pas tous les hommes sur le même modèle, vos besoins et les miens sont souvent différents. Par conséquent, il est tout à fait possible que nous sortions tous deux vainqueurs de notre confrontation.

On accepte généralement l'idée que chaque personne est

unique; alors pourquoi aborder une négociation comme une rencontre conflictuelle, où votre satisfaction passe nécessairement par la défaite de l'autre camp? Parce que, dans la plupart des négociations, la discussion porte sur une somme d'argent donnée.

Pourquoi le débat tourne-t-il toujours autour de l'argent, sous quelque forme que ce soit : prix, taux ou salaire? Pourquoi est-ce que tout le monde a l'air de faire une telle fixation sur l'argent? Ce n'est pas l'argent. C'est l'a-r-g-e-n-t! Parce que l'a-r-g-e-n-t est quelque chose de particulier, de précis et de quantifiable. C'est ce qui vous permet de répondre à vos autres besoins, de faire des comparaisons et de mesurer vos progrès. Demandez aux femmes au foyer si le salaire n'est pas le critère de valeur par excellence. Ça peut aussi servir à faire passer un message désagréable.

Qu'arrivera-t-il si je dis à mon patron : « Pour continuer à travailler avec un pauvre type comme vous et dans des conditions aussi détestables, je veux plus d'argent! » Il est probable que mon supérieur n'appréciera guère pareille franchise. C'est pourquoi j'ai appris à encoder mes véritables sentiments et frustrations et me contenterai de dire : « Je voudrais une augmentation. »

Non seulement ce message exprimé en termes purement monétaires passera mieux, mais en plus, le patron posera sa main sur mon épaule en s'exclamant : « J'aime les gens ambitieux. Vous et moi, nous irons loin ensemble. »

Depuis l'adolescence, nous avons appris, pour la plupart, à considérer l'argent comme un sujet de conversation banal. Certains ont même été amenés à croire que leur couleur préférée était le vert, le vert du dollar naturellement. En écoutant parler les gens, on a parfois l'impression qu'ils sont des effigies vivantes de billets de banque. Mais si vous pensez que l'enjeu de toute négociation tourne uniquement autour de l'argent, vous faites erreur. Les gens ne se résument pas à leur discours ou à leurs apparences. Bien sûr, l'argent est un besoin, mais seulement un parmi d'autres. Et, si vous donnez satisfaction à quelqu'un sur le plan monétaire en négligeant ses autres besoins, vous ne le rendrez pas pleinement heureux. En voici pour preuve un exemple imaginaire :

Un soir, en feuilletant un magazine, un couple remarque une pendule ancienne dans le décor d'une publicité.

La femme s'exclame : « C'est la plus belle pendule que j'aie jamais vue. Elle ferait merveille dans l'entrée, tu ne trouves pas ? »

Le mari répond : « Absolument ! Je me demande ce qu'elle peut bien coûter, ce n'est pas indiqué dans l'annonce. »

Ensemble, ils décident de faire les antiquaires et se mettent d'accord pour ne pas dépenser plus de 3 000 francs au cas où ils trouveraient cette pendule.

Après trois mois de recherches, ils finissent par voir la fameuse pendule dans la devanture d'un magasin d'antiquités. « Enfin, la voilà ! » s'écrie la femme avec enthousiasme.

« Tu as raison, c'est bien ça ! » dit le mari. Puis, il ajoute : « Mais, tu te rappelles que nous n'y mettrons pas plus de 3 000 francs ! »

Ils s'approchent de la vitrine et la femme murmure : « Oh, oh ! Il y a écrit 4 500 francs sur l'étiquette. Bon, on a plus qu'à rentrer à la maison, puisqu'on a dit qu'on ne dépasserait pas les 3 000 francs, tu te souviens ? »

« Je me souviens, dit le mari, mais on peut toujours essayer de faire baisser le prix ; on s'est donné tellement de mal pour la trouver. » Après concertation, c'est le mari qui est désigné pour tenter de négocier la pendule à 3 000 francs.

Rassemblant son courage, il s'avance vers l'antiquaire en disant : « J'ai remarqué votre pendulette en vitrine, et son prix aussi. Vu la poussière qu'il y a dessus, elle doit être là depuis un bon moment. » Ayant gagné un peu de terrain, il poursuit : « Bon, écoutez, je vais vous faire une offre, mais attention, une seule. Je suis sûr d'ailleurs qu'elle vous conviendra parfaitement. Vous êtes prêt ? » Il marque une petite pause, histoire de soigner son effet, puis déclare : « Eh bien, voilà – 1 500 francs. »

L'antiquaire répond sans sourciller : « D'accord, elle est à vous. »

Quelle est la première réaction du mari ? L'exultation ? Est-il en train de se dire : « Je me suis vraiment bien débrouillé ; j'ai même très largement dépassé mon objectif ? » Jamais de la vie ! Vous savez aussi bien que moi, pour avoir déjà été dans une situation semblable, que sa première pensée est : « J'ai été nul! J'aurais dû ne lui en proposer que 1 000 balles! » Sa seconde réaction est tout aussi prévisible : « Cette pendule a sûrement un défaut! »

Tandis qu'il porte sa nouvelle acquisition dans la voiture, il se dit : « Elle me semble vraiment légère, et pourtant je ne suis pas très costaud! Il doit manquer des pièces au mécanisme! »

Malgré tout, de retour à la maison, il la met dans l'entrée où elle fait vraiment un effet bœuf. Elle a même l'air de marcher normalement, mais le couple n'est pas vraiment satisfait.

Dans la nuit, ils se lèvent à plusieurs reprises, persuadés qu'ils n'ont pas entendu sonner les heures. Et ainsi de suite, pendant des jours et des nuits. Leur santé se détériore rapidement et leur malaise ne cesse de croître. Pourquoi? Simplement parce que l'antiquaire a eu le culot de leur vendre cette pendule pour 1 500 francs.

S'il avait fait preuve d'un minimum de politesse, de lucidité et de sympathie, il leur aurait laissé le plaisir de négocier jusqu'à 2 990 francs. En leur permettant d'économiser 1 490 francs, il leur fait, en réalité, payer trois fois plus en énervement. L'erreur classique dans ce genre de négociations, c'est que toute la discussion est centrée sur un seul aspect du problème : le prix. Si ces gens étaient unidimensionnels et ne se plaçaient que du point de vue financier, ils auraient été fous de joie. Mais, comme nous tous, ils ont beaucoup de facettes et de besoins différents, dont certains restent inexprimés ou même inconscients.

Se rendre à leurs exigences de prix n'a donc pas contribué à les satisfaire entièrement. Autrement dit, cela ne leur suffisait pas d'obtenir la pendule pour une somme raisonnable. Compte tenu de leur personnalité et des circonstances, la négociation a abouti trop vite. Ils avaient besoin de bavarder un peu pour établir un certain climat de confiance, puis seulement de marchander. Si le mari avait pu imposer son prix au vendeur, cela l'aurait rassuré, sur son achat mais aussi sur lui-même.

Nous avons dit précédemment que la négociation est une activité par laquelle les parties en présence essayent de satisfaire leurs besoins. Mais, les besoins réels apparaissent rarement pour ce qu'ils sont, car les négociateurs les dissimulent ou n'en ont pas conscience. Par conséquent, les négociations dépassent toujours le cadre de ce qui est effectivement discuté ou contesté, qu'il s'agisse de prix, de services, de produits, de taux, de concessions ou d'argent. L'objet dont on parle, et surtout la manière dont on en parle, servent à satisfaire les besoins psychologiques.

Une négociation n'est pas un simple échange de biens matériels. C'est plutôt un type de comportement qui peut engendrer compréhension, acceptation, respect et confiance. Cela recouvre la façon dont vous abordez quelqu'un, votre ton de voix, votre attitude générale, les méthodes que vous employez et le souci que vous montrez de l'autre, de ses sentiments et de ses besoins.

C'est l'ensemble de ces éléments qui forme le processus de négociation. Donc, la façon dont vous vous y prenez pour atteindre votre objectif peut déjà, en elle-même, répondre à certains des besoins de votre interlocuteur.

Jusqu'à présent, nous avons vu pourquoi de nombreuses négociations s'enlisent inutilement dans des conflits stériles, qui ne profitent à aucune des parties en présence. Mais, si l'on considère que la négociation doit viser la satisfaction des besoins, alors la méthode utilisée pour résoudre le problème peut répondre positivement aux besoins des intervenants. De plus, dans la mesure où chaque personne est unique, on peut ainsi parvenir à l'harmonisation, voire à la réconciliation, de points de vue apparemment opposés.

Permettez-moi maintenant de vous montrer comment ce principe permet d'obtenir des résultats « tous bénéfices » ou « gagnant/gagnant ».

1. Les mérites d'une approche bienveillante

Pour entamer une négociation, la douceur s'impose. Exposez votre cas en termes modérés, grattez-vous la tête et n'excluez pas la possibilité d'avoir tort. Rappelez-vous : « L'erreur est humaine et le pardon divin. » N'hésitez pas à dire : « J'ai besoin de votre aide sur ce point, je n'y connais rien. »

Adressez-vous toujours à votre interlocuteur avec tact afin

de ne pas le froisser. Même s'il a la réputation d'être mal élevé, négatif et entêté, il sera démuni face à une approche confiante. En effet, quand on leur en donne l'occasion, la plupart des gens se montrent accommodants et jouent le rôle qu'on leur a préparé. En d'autres termes, on a tendance à se conformer à ce que les autres attendent de nous.

Essayez donc de vous mettre à la place de l'autre, de voir les choses de *son point de vue* compte tenu de son cadre de références. Écoutez-le dans un esprit de communion, ce qui signifie que vous vous empêchez de construire mentalement une contre-argumentation pendant qu'il vous parle. Évitez aussi d'être sec, car la manière dont vous dites quelque chose détermine bien souvent la réponse que l'on vous fera. Oubliez les répliques à l'emporte-pièce et apprenez à introduire vos commentaires par : « Il me semble vous avoir entendu dire que... »

Ce genre d'attitude adoucira vos paroles, donnera du poids à ce que vous faites et minimisera les tensions. En suivant ces quelques conseils, vous gagnerez un allié avec qui vous pourrez chercher une solution acceptable pour vous deux.

Voici une petite anecdote qui m'est arrivée il y a plusieurs années, et qui montre bien comment fonctionne ce type d'approche.

J'étais en voyage d'affaires à New York avec un de mes associés. Ayant du temps avant notre premier rendez-vous de la matinée, nous nous installâmes devant un copieux petit déjeuner. Après avoir commandé, mon collègue sortit acheter le journal. Cinq minutes plus tard, il revint les mains vides, hochant la tête et jurant à voix basse.

« Qu'est-ce qu'il t'arrive? » lui demandai-je.

Il répondit : « Ces gens ne sont pas possibles! J'étais au kiosque d'en face, et, après avoir pris mon journal, j'ai tendu un billet de 10 dollars au marchand. Au lieu de me rendre la monnaie, il m'a retiré le journal des mains. Déjà, ça m'a fait un choc, mais en plus il a commencé à me sermonner en disant qu'il n'était pas là pour faire de la monnaie aux heures de pointe. »

Tout en prenant notre petit déjeuner, nous discutions de cet incident. Mon associé prétendait que l'air de New York rendait les gens agressifs, que ce type était têtu comme une mule et qu'il n'accepterait de personne un billet de 10 dollars. Relevant le défi, je traversai la rue sous le regard de mon ami.

Quand le marchand de journaux se tourna vers moi, je lui dis humblement : « Excusez-moi, monsieur... Je me demandais si vous pourriez m'aider à résoudre un petit problème. Je ne suis pas d'ici, vous comprenez. Je voudrais le *New York Times,* mais je n'ai qu'un billet de 10 dollars. Comment faire ? » Sans la moindre hésitation, il me tendit le journal en disant : « Allez, prenez-le; allez faire de la monnaie et repassez plus tard. »

Je retraversai la rue en brandissant triomphalement mon « trophée ». Mon associé, qui avait observé ce qu'il appela par la suite « Le Miracle de la 54e rue », continuait à hocher de la tête.

Quant à moi, je me contentai de remarquer : « Encore une preuve supplémentaire! Tout est vraiment dans la façon d'aborder quelqu'un! »

2. L'harmonisation ou la réconciliation des besoins

Malheureusement, lorsque l'on considère l'autre comme un adversaire, on ne traite avec lui qu'à distance ou même par le biais d'une tierce personne. Ainsi, chacun énonce ses exigences, tire des conclusions et lance des ultimatums. Pour essayer d'accroître son avantage aux dépens de l'autre, chaque camp thésaurise ses informations et dissimule soigneusement ses sentiments et besoins réels, de peur qu'ils ne soient utilisés contre lui. À l'évidence, un tel contexte rend pratiquement impossible la négociation d'un accord satisfaisant pour les deux parties.

Cependant, si l'on admet que chaque être humain est unique, il s'ensuit que leurs buts ne sont pas nécessairement incompatibles. On peut ainsi établir un climat de confiance favorisant l'échange d'informations et l'expression de sentiments et de besoins réels. Et ces contacts sont de nature à permettre l'éclosion d'une solution qui ne pénalise personne.

Par exemple, vers 1945, Howard Hughes produisit un film intitulé *Le Hors-la-loi* avec pour vedette féminine Jane

Russell, une belle brune au décolleté vertigineux. Le film n'a pas vraiment frappé les esprits, mais l'affiche reste un grand souvenir. On y voyait, sur fond de ciel, Jane Russell allongée sur une meule de foin. Je me rappelle encore être monté sur une échelle pour la contempler d'en haut.

À l'époque, Hughes s'était tellement amouraché de Jane Russell qu'il lui avait signé un contrat d'un an pour un million de dollars.

Douze mois plus tard, Jane dit en substance : « Je voudrais toucher mon cachet selon les termes de mon contrat. »

Howard s'excusa en disant qu'il manquait de « liquidités » car toute sa fortune était placée. Mais l'actrice ne se souciait guère d'explications; elle voulait son argent. Hughes continuait à lui demander de patienter en répétant qu'il avait, momentanément, un problème de trésorerie. Et Russell ne se référait qu'au contrat, qui faisait clairement état de l'obligation de paiement au bout d'un an.

Chacun semblait vouloir camper sur ses positions, sans espoir de compromis. Se conduisant comme des ennemis, ils traitaient le problème par l'intermédiaire de leurs avocats. L'intimité qu'ils avaient connue par le passé fit place à un combat « gagnant contre perdant » sans merci. On murmurait même çà et là que l'affaire finirait devant les tribunaux. (Souvenez-vous que Howard Hughes est l'homme qui, par la suite, dépensa 12 millions de dollars en honoraires d'avocats dans la polémique sur le contrôle de la TWA.) En cas de litige officiel, qui gagnerait ? Peut-être seulement les avocats!

Comment ce conflit se résolut-il ? Avec sagesse, Russell et Hughes dirent : « Écoute, toi et moi, nous sommes différents; chacun de nous a ses propres objectifs. Voyons si l'on ne peut pas exprimer nos sentiments et nos besoins et échanger nos informations dans un climat de confiance. » C'est ce qu'ils firent. Et, en réfléchissant ensemble, ils trouvèrent une solution à laquelle ils n'avaient pas pensé auparavant et qui réglait le problème à la satisfaction de chacun.

On transforma le contrat initial en un accord qui donnait à Jane Russell 50 000 dollars par an pendant vingt ans. Le montant du cachet restait donc inchangé, seules les modalités de versement étaient modifiées. Ainsi, Hughes n'avait plus de problème de « trésorerie » et pouvait continuer à percevoir les intérêts de ses capitaux placés. Quant à Jane Russell, elle pouvait étaler ses revenus sur un bon nombre d'années, ce qui lui permit probablement de payer moins d'impôts. De plus, une rente annuelle de cette importance la mettait à l'abri, pour vingt ans, de tout souci matériel, sécurité non négligeable dans un métier aussi instable que celui d'acteur.

D'ailleurs, elle n'avait pas seulement sauvé la face, elle avait bel et bien gagné! Vous savez quand on traite avec un excentrique comme Howard Hughes, avoir raison ne suffit pas toujours à l'emporter. Dans cet exemple, Russell et Hughes ont réussi ensemble à faire valoir leurs intérêts particuliers.

LE CONFLIT

Le conflit est inhérent à la vie. Il arrive, bien entendu, que des objectifs soient réellement exclusifs les uns des autres. Mais le conflit, quelle que soit son origine – la découpe d'un gâteau ou le versement d'un million de dollars – survient souvent alors que les deux parties poursuivent un but identique.

Voici un exemple où les deux camps veulent la même chose, mais le conflit porte sur la façon de l'obtenir.

Vers la fin d'un match de rugby, l'équipe locale n'est plus qu'à quelques mètres du but adverse. Pendant un arrêt de jeu, le capitaine et les joueurs se concertent mais n'arrivent pas à se mettre d'accord sur la stratégie à adopter. Ils partagent le même désir de gagner, mais se disputent sur les moyens à mettre en œuvre pour y parvenir.

Quelle que soit la nature du conflit entre des individus ou des groupes, il est toujours intéressant de comprendre pourquoi et comment le différend est apparu. Au départ, le meilleur moyen de s'assurer la coopération d'autrui, c'est de déterminer les points sur lesquels vous vous accordez et ceux où vous êtes en opposition. Ensuite, essayez d'analyser l'origine de ces divergences. Si elles peuvent être identifiées ainsi que leur cause, il sera alors plus facile de rapprocher les points de vue et d'aboutir à une négociation « tous bénéfices ».

La plupart du temps, les points d'achoppement se situent à trois niveaux :

1. L'expérience.
2. L'information.
3. L'implication.

1. L'expérience

Vous et moi, nous ne voyons pas les choses telles qu'elles sont, mais tels que nous sommes. À l'évidence, chaque personne a été modelée par ses propres expériences, et, à ce titre, est un produit unique. Deux enfants du même sexe, élevés par les mêmes parents à seulement un an d'intervalle, voient le monde avec d'autres yeux. Si c'est vrai pour des gens qui vivent sous le même toit, que dire de ceux qui viennent d'horizons totalement différents? Pour citer le journaliste Walter Lippmann « Nous sommes tous prisonniers de nos représentations mentales, de notre conviction que le monde tel que nous le connaissons est bien le monde réel ».

Par conséquent, pour comprendre votre façon de penser et d'interpréter les événements, je dois pénétrer *dans votre monde;* pour voir clair dans votre comportement, je dois essayer de déchiffrer vos sentiments et votre système de valeurs.

Comme on dit familièrement, je dois savoir « d'où vous sortez ».

2. L'information

On a tous dans notre vie été confrontés à un certain nombre de faits qui nous ont marqués. Par conséquent, ce qui est gravé dans ma mémoire n'est pas dans la vôtre, et vice versa. À partir de ces informations, chacun tire ses propres conclusions et déductions et détermine le sens de son action.

Naturellement, si nous raisonnons sur des données différentes, nous aboutirons à des résultats diamétralement opposés. Donc, si l'on veut minimiser les risques de conflit, il faut accepter de partager ses informations. Ceci ne se limite pas aux détails matériels, mais couvre également les bonnes idées, les sentiments et besoins réels. La seulc façon d'amener quelqu'un à comprendre votre position, c'est de lui fournir la matière à partir de laquelle vous avez élaboré votre réflexion. Il s'agit donc essentiellement d'un travail d'éducation, et non d'argumentation!

3. L'implication

Il arrive très souvent que la divergence des points de vue naisse des rôles que chacun tient dans une négociation. En effet, votre implication personnelle peut influencer votre façon de voir et déformer votre conception de ce que serait une solution équitable. Toutes choses égales par ailleurs, un procureur et un avocat peuvent, en toute conscience, défendre des opinions très différentes.

Quelles que soient les circonstances, on a toujours tendance à croire que : « Les anges sont de mon côté, car je représente les forces du Bien contre celles du Mal. » Bien sûr, un tel état d'esprit est ridicule et, en plus, il mène droit à l'échec. Pour mener à bien une négociation, il est indispensable de maîtriser ce genre de débordements émotionnels. Chacun doit apprendre à dire : « Si j'étais à sa place, j'adopterais peut-être la même position. »

Croyez-moi, une démarche de ce type ne vous fera pas pour autant passer à l'ennemi. Même si vous vous montrez très coopératif, vous vous rappellerez toujours, d'une façon ou d'une autre, pour le compte de qui vous travaillez. Mais raisonner en ces termes vous aidera à garder présents à l'esprit les contraintes, les problèmes et besoins de votre interlocuteur. Une telle attitude est donc véritablement la clef du succès de toute négociation.

Avant d'aller plus loin, résumons les points principaux esquissés dans ce chapitre.

J'ai insisté sur le fait que le plus important n'est pas de

mettre au point des combines douteuses pour tromper ou manipuler l'autre; mais, plutôt, de travailler à l'établissement de relations authentiques et confiantes permettant aux deux camps de trouver leur intérêt.

Nous avons également dit que chaque personne est unique, mais au fond pas si compliquée que ça, chacun se contentant de chercher à satisfaire ses propres besoins. Si mes aspirations sont différentes des vôtres, nous ne sommes plus des adversaires. Par conséquent, si je m'y prends bien pour vous aborder, et que nous parvenons à trouver une perspective nouvelle qui répond à nos besoins, alors nous pouvons ensemble sortir victorieux de la situation.

Pour réussir une négociation « tous bénéfices », il suffit de découvrir ce que veut l'autre, puis de lui montrer comment il peut l'obtenir sans vous empêcher d'arriver vous-même à vos fins.

9.

DÉTAILS SUR LA TECHNIQUE TOUS BÉNÉFICES

Tant que ce n'est pas fini, ça continue.
Yogi BERRA

Arriver à une satisfaction mutuelle par la méthode « tous bénéfices » implique que l'on travaille très activement à la réalisation de ces trois points essentiels :

1. Établir la confiance
2. Obtenir l'implication
3. Gérer l'opposition.

1. Établir la confiance

À ce stade, vous vous êtes sûrement déjà rendu compte que je n'adhérais pas à une vision cynique du monde qui tiendrait les hommes pour inévitablement avides et mauvais. Sans pour autant sous-estimer les difficultés qui président à l'établissement d'un climat de confiance, je sais par expérience que c'est quand même dans l'ordre du possible. Dans une *relation durable,* plus vous faites confiance aux autres, et plus ils s'en montreront dignes. Votre foi en leur honnêteté et en leur fiabilité les encouragera à se montrer à la hauteur de votre estime.

Quelle autre attitude pouvez-vous adopter? Montrez-vous

d'emblée suspicieux et méfiant, et vous ne manquerez certainement pas de voir vos craintes se matérialiser. Donc, la seule manière d'éviter le pire, c'est peut-être d'attendre le meilleur.

Et le meilleur, c'est une *relation sincère* impliquant, de la part de chacun, une confiance absolue dans l'honnêteté et la fiabilité de l'autre. Il s'agit en fait de créer une dépendance réciproque – sorte d'alliance objective pour faire front commun face aux inévitables problèmes –, un climat permettant de dépasser le conflit pour arriver à une bonne situation.

Cette confiance est la base même d'une négociation « tous bénéfices ». Voyons maintenant quand et comment on parvient à établir ce type de relations. Pour des raisons que vous comprendrez très vite, j'ai divisé cette partie en deux points :

A. La préparation.
B. L'aboutissement.

A. La préparation

Dans un chapitre précédent, nous avons fait allusion aux maladies mentales pour bien isoler, dans le temps, le processus « d'incubation » du verdict officiel des médecins. En effet, nous avons vu que ces maladies se développent bien avant d'être diagnostiquées en tant que telles. L'intérêt étant de montrer l'analogie avec la négociation, qui est également un processus de longue durée terminé par une transaction formelle entre deux parties. Par conséquent, lorsque l'on dit : « La négociation commencera le 5 mars à quatorze heures », on ne parle en fait que de son aboutissement.

La phase terminale du processus de négociation prend généralement la forme d'une réunion, mais elle peut aussi bien se faire par téléphone ou par courrier. La plupart des gens persistent à penser que cette dernière étape constitue, à elle seule, la négociation. Pourtant, elle est toujours précédée de semaines, voire de mois de préparatifs.

Cette remarque, qui montre que l'aboutissement d'une négociation n'est que la partie visible de l'iceberg, peut se révéler d'une très grande utilité dans la vie quotidienne. En effet, que l'on soit en train de préparer un dessert ou ses examens de fin d'année, le succès réside dans la minutie de la préparation.

En voici un autre exemple :

Pour leur prochain mariage, votre fille et son fiancé souhaitent une cérémonie religieuse traditionnelle, suivie d'un grand banquet. En tant que père comblé de la mariée, vous acceptez de vous en occuper et de payer l'addition. Même si l'événement en lui-même ne dure pas plus de sept heures, il vous faudra largement six mois pour tout mettre sur pied.

Par définition, les veinards sont ceux qui ont de la veine; mais, ils n'en ont que parce qu'ils ont su mettre à profit leur temps de préparation. Aussi bien pour la cuisson d'un gâteau, le passage d'un examen ou l'organisation d'un mariage, la réussite dépend des efforts déployés en amont.

De la même manière, le résultat d'une négociation n'arrive pas par hasard. Les circonstances évoluent en fonction de ce que l'on a fait, ou le plus souvent, de ce que l'on n'a pas fait pendant la phase de préparation. C'est donc bien avant l'ultime discussion que se forgent les attitudes, que s'établit la confiance et naissent les espérances. Si la confrontation finale se solde par une tempête, c'est vraisemblablement parce que l'on a semé (et cultivé) le vent pendant la phase antérieure. Comme disait Disraeli : « Nous tissons notre malheur et l'appelons destin. »

On voit donc que la chance se range aux côtés de celui qui a su créer un climat de confiance et en récoltera les fruits le jour de la conclusion de l'accord. C'est cette capacité à utiliser le temps présent en prévision de l'avenir qui fait la différence.

Le moment le plus propice pour influencer le comportement d'autrui, c'est avant que le conflit n'ait éclaté. Après, votre interlocuteur se tient sur ses gardes et répugne à révéler quoi que ce soit qui puisse vous donner des arguments contre lui.

Pendant toute la période de préparation, vos faits et gestes sont pris pour argent comptant. Mais, par la suite, le moindre mouvement de votre part est interprété comme un stratagème ou une ruse.

Permettez-moi d'exagérer un peu pour bien me faire comprendre.

Nous nous rencontrons pour la première fois le jour de la conclusion de l'accord. Admettons que vous me proposiez un café et une cigarette, alors que vous-même n'en prenez pas. Quelle sera ma réaction ? Si nos rapports manquent de confiance, je penserais peut-être : « Qu'est-ce qu'il veut ? Essayer de m'amadouer ? » Si je suis encore plus méfiant, je peux même aller jusqu'à me dire : « Ce type veut m'empêcher de dormir, ou me faire attraper un emphysème. » En revanche, si vous m'aviez fait la même offre avant la confrontation officielle, je n'y aurais vu qu'une aimable attention inspirée par votre courtoisie.

En résumé, pendant la phase de préparation, vos gestes peuvent être considérés comme autant de signes de bonne volonté à mettre à votre crédit, alors que ces mêmes gestes ne vous vaudront que sourcils froncés et suspicion s'ils interviennent après.

Par conséquent, profitez au maximum de ce laps de temps pour déterminer et analyser les causes d'un désaccord éventuel. Nous avons vu précédemment que les conflits proviennent souvent de décalages entre les *expériences,* les *informations* et l'*implication* personnelle des intervenants.

Agissez à temps sur ces trois facteurs afin de rapprocher les points de vue et d'établir un climat de confiance. Gardez toujours présente à l'esprit l'atmosphère détendue dans laquelle vous souhaiteriez voir se dérouler la discussion finale, et comportez-vous en conséquence.

Nous vivons peut-être dans un monde de paranoïa galopante, mais la confiance reste le meilleur moyen de mettre de l'huile dans les rouages. Jamais personne ne vous fera de révélations intéressantes à moins d'être assuré de votre discrétion. Et jamais personne ne respectera un accord passé avec vous à moins d'être convaincu de votre bonne foi. Donc, mettez bien à profit la phase préparatoire pour instaurer une relation confiante.

B. L'aboutissement

Une fois cette relation établie, cela permet à chacun de reconnaître la vulnérabilité de l'autre, d'éviter l'éclosion de conflits graves et d'encourager le partage des informations. Cette évolution du climat modifiera les attitudes et les attentes respectives, en transformant les gladiateurs en négociateurs adultes et responsables. Si ce travail a été mené à bien pendant la phase préparatoire, les parties aborderont la dernière étape avec une volonté réelle de résoudre le problème à la satisfaction de tous les participants.

Au début de la réunion, ne vous écartez pas des points non litigieux afin de préserver la confiance. Entamez votre présentation par une approche positive susceptible de remporter l'adhésion immédiate et unanime de l'assemblée. Vous pouvez, par exemple, déclarer : « Mesdames et Messieurs, nous sommes tous bien d'accord sur l'objet de cette réunion, n'est-ce pas? Nous sommes tous désireux de régler le problème de façon équitable, pour que chacun y trouve son compte. Est-ce que je me trompe? »

Évidemment, vous n'attendez pas de réponse, mais cette manière de présenter les choses ne peut heurter personne. C'est un peu comme si vous demandiez le feu vert au sujet d'une tarte aux pommes, du drapeau national ou de la soupe populaire!

Votre première préoccupation doit toujours être d'obtenir l'assentiment général au but visé. Si vous parvenez à faire en sorte que vos interlocuteurs ne perdent jamais de vue le résultat final, ils utiliseront leur énergie et leur créativité à chercher des solutions acceptables pour tous.

À contrario, si vous commencez à faire l'inventaire des moyens et des opinions, vous vous enliserez très rapidement dans les marais de la controverse. À partir de là, noyé sous le déluge des exigences de chacun, vous verrez le groupe se scinder entre gagnants et perdants.

Donc, mettre l'accent sur la fin et non sur les moyens cimente le groupe au lieu de le diviser. Par là même, on réduit les tensions hostiles et parvient à communiquer plus librement ses informations, ses sentiments et ses besoins. Et, un tel climat de collaboration est propice à l'épanouissement de solutions nouvelles, permettant à chacun d'atteindre son but.

En voici un bon exemple. Il y a un an, j'étais dans l'Iowa pour mes affaires, et en profitais pour dîner avec un couple d'amis de longue date : Gary et Janet. Après avoir étudié le menu, je demandai : « Mais qu'est-ce qui ne va pas ? Vous m'avez l'air bien nerveux ! »

Gary jouait avec sa fourchette. « Tu ne le croiras pas, Herb, mais nous n'arrivons pas à nous mettre d'accord sur nos projets de vacances. Moi, je veux aller dans le Minnesota ou au Canada; Janet veut jouer au tennis quelque part au Texas... »

Elle lui coupa la parole : « Notre fils aîné, qui adore l'eau, veut absolument s'installer au bord d'un lac dans le Missouri; le cadet, lui, ne jure que par la montagne et veut retourner dans les Adirondacks... Quant à notre fille qui vient d'entrer à la fac, elle n'a envie d'aller nulle part. »

« Comment se fait-il ? » demandai-je.

« Parce qu'elle a besoin d'être au calme pour réviser ses examens de droit », marmonna Gary. « Elle ne demande qu'à rester ici, mais nous ne voulons pas la laisser seule à la maison. »

« Eh bien, dis-je, le moins qu'on puisse dire, c'est que vous avez des goûts variés dans cette famille. »

« Ça aurait pu être drôle de parler de ces vacances, mais nous n'arrêtons pas de nous disputer ! Gary ne veut pas entendre parler du Texas, sous prétexte qu'il ne supporte pas l'air conditionné. »

« Ce n'est pas de ma faute », dit Gary. « Ici, je suis déjà obligé de subir la climatisation cinq mois par an; ça me donne des rhumatismes. En plus, j'ai horreur de l'humidité, et il n'y a pas plus humide que le Texas. »

« Et ce n'est pas tout, reprit Janet, Monsieur refuse l'idée de s'habiller pour dîner dehors, alors que moi, j'ai bien l'intention d'aller dans de bons restaurants tous les soirs. J'en ai vraiment marre de me taper la cuisine et la vaisselle ! »

« Moi, j'ai envie de vivre décontracté, enchaîna Gary, de jouer au golf pendant que tu es au tennis, et de ne pas me changer pour me mettre à table. D'ailleurs nos fils sont comme moi; ils ne rêvent que de se balader en jeans. »

« Vous voyagerez en voiture ou en avion ? » demandai-je, essayant mentalement de reconstituer le puzzle de leurs informations.

« En voiture, répondit Gary, j'ai horreur de l'avion. »

« Mais, une fois sur place, dit Janet, il n'est pas question que je passe ma vie au volant. Pendant l'année, vous n'avez déjà que trop tendance à me prendre pour votre chauffeur. »

Après que le garçon eut pris notre commande, je dis : « Si vous me permettez – et, je crois que vous me le permettez car nous nous connaissons depuis longtemps – j'ai l'impression que vous n'abordez pas le problème comme il faut. »

« Je suis tout ouïe », dit Gary, en jouant toujours avec sa fourchette.

« Vous devriez essayer de trouver une solution qui ne soit pas seulement tolérable à chacun de vous, mais qui vous fasse vraiment plaisir à tous. »

« Mais comment ? » demanda Janet, en écrasant sa cigarette.

« D'après ce que je comprends, repris-je, vous vous comportez plus comme des adversaires que comme des gens qui veulent résoudre ensemble un problème. » Je me tournai vers Gary. « Ce que tu veux, c'est jouer au golf, ne pas mettre de cravate pour dîner et éviter à la fois l'air conditionné et l'humidité. »

« Absolument », dit-il.

Je me tournai ensuite vers Janet. « Et toi, tu as envie de jouer au tennis, de dîner au restaurant et de ne pas conduire. »

« Exact », reconnut-elle.

« Donc, vos désirs profonds ne sont pas nécessairement d'aller au Texas ou au Canada. Ce ne sont que des moyens que vous pensez susceptibles de répondre à vos besoins. »

Ils m'écoutaient tous deux en se pinçant les lèvres.

Tout en faisant signe au garçon de nous apporter une carafe d'eau, je continuai : « Votre plus jeune fils veut voir la montagne; l'autre nager; et, votre fille travailler. Est-ce que toutes ces envies sont incompatibles ? »

« Je ne sais pas, dit Gary, peut-être pas, après tout. »

« Écoutez, je vous connais bien tous les cinq, et sais combien vous êtes unis. C'est déjà un atout énorme. Avez-vous essayé de vous faire une petite séance de brainstorming tous ensemble ? »

« Pas vraiment », admit Janet.

« Pourquoi ne tenteriez-vous pas ça en rentrant ? » proposai-je. « Réunissez vos enfants et demandez-leur de vous aider à résoudre le problème familial. Ne commencez pas par évoquer toutes les possibilités qui s'offrent, mais concentrez-vous sur le résultat final, c'est-à-dire : " Comment satisfaire tout le monde ? " »

Gary haussa les sourcils. « Qu'en dis-tu Janet ? Tu veux essayer ? Tu as beaucoup plus de tact que moi et devrais mener le débat. »

Janet accepta de s'en occuper.

Un mois et demi plus tard, Gary m'appela au bureau pour me dire : « Herb, ça a marché ! »

« Qu'est-ce qui a marché ? » demandai-je.

« Eh bien, la concertation pour régler la question des vacances ! »

« Parfait ! Où êtes-vous allés finalement ? »

« À Vail dans le Colorado, dit Gary, nous avons fait exactement ce que tu nous avais conseillé. Nous nous sommes réunis pour échanger nos impressions et nos envies. Puis, on a cherché dans les dépliants touristiques une solution qui répondait à tous nos besoins. C'est comme ça qu'on est tombé sur Vail. »

« Mais pourquoi Vail ? » demandai-je.

« Parce que cela convenait parfaitement à tout le monde. Tu avais raison au sujet du Texas et du Canada; ce sont sûrement des endroits superbes mais qui ne faisaient pas l'unanimité. Alors que Vail, on a trouvé ça aussi bien sur le papier qu'en vrai. Des courts de tennis pour Janet, un golf pour moi, des montagnes superbes pour le petit, tous les sports nautiques possibles et imaginables pour l'aîné, pas de climatisation car l'air est sec pendant la journée et les soirées fraîches, un calme olympien pour que ma fille puisse réviser tranquillement, aucun besoin de voiture grâce aux navettes. En plus, on a dîné dehors tous les soirs mais sans avoir à se mettre sur son trente et un ! Qu'en dis-tu ? »

« Superbe, dis-je, d'autre part, tu as l'air d'avoir beaucoup apprécié votre petite réunion préparatoire. »

« Tu parles, dit Gary, cela nous a encore rapprochés. Quand est-ce que tu reviens nous voir ? »

« Dès que j'aurai besoin d'action », dis-je en souriant.

« Tu es vraiment formidable, Herb. Tu sais arrondir les angles en souplesse », dit-il.

« Tu exagères, Gary. Question souplesse, je me pose là! La preuve, c'est que quand j'essaye de me mettre le pied dans la bouche, je n'y arrive pas à tous les coups! En tout cas, c'est surtout la façon dont vous vous en êtes sortis qui est formidable. »

Ce coup de fil a vraiment éclairé ma journée, car j'aime bien voir que les gens sont capables de collaborer pour trouver de bonnes solutions à leurs problèmes.

Dans cet exemple, tout le monde est sorti victorieux, car la question : « Où irions-nous ? » n'a pas été traitée comme un débat conflictuel. Chacun s'est penché sur les aspirations des autres, ce qui a permis d'harmoniser les points de vue. Il n'y avait pas cinq gladiateurs face à face, mais cinq volontés constructives d'aboutir. En mettant l'accent sur l'objectif, et non sur les moyens, ils ont trouvé une solution équitable dont ils furent enchantés.

Je n'ai pas assisté à ce brainstorming, mais je vous parie ce que vous voulez que, une fois le problème posé de façon positive, la décision unanime ne s'est pas fait attendre.

Normalement, lorsque l'on a des relations suivies avec quelqu'un, on dispose toujours d'un bon laps de temps pour établir un climat de confiance avant d'entamer la dernière ligne droite de la négociation.

Cependant, il arrive dans la vie que l'on soit soudainement obligé de négocier, sans avoir pu anticiper la situation. Donc, au lieu de s'y préparer, comme on le souhaiterait, on y est précipité par les événements. Dans un cas pareil, peut-on instaurer la confiance nécessaire à un résultat « tous bénéfices »? La réponse est oui, mais à condition de savoir correctement aborder son interlocuteur. En l'absence d'une phase préparatoire, vous pouvez mettre à profit la situation elle-même pour obtenir les informations dont vous avez besoin et ébaucher un contact sympathique qui favorisera un aboutissement optimal pour les deux parties. À ce propos, laissez-moi vous raconter ce qui m'est arrivé il y a juste quelques semaines.

Pendant mon absence, ma famille avait décidé qu'il était vraiment trop insupportable pour notre standing de n'avoir ni magnétoscope ni télévision couleur à télécommande. En rentrant, un vendredi soir tard, je fus brièvement informé que, compte tenu de mes compétences, j'avais été désigné pour aller acheter ces articles dès le lendemain matin. Je protestai vivement, mais dus me soumettre à la règle démocratique : ils étaient quatre contre moi!

En fait, je n'étais pas contre le principe, mais j'aurais souhaité disposer d'un peu plus de temps. J'envisageais, en effet, d'acheter un magnétoscope pour mon bureau, et pensais ainsi en tester la qualité. D'autre part, je venais de passer une semaine à l'étranger pour des négociations difficiles et ne sautais pas de joie à l'idée de remettre ça pendant le week-end.

Mais je m'exécutai tout de même. Après tout, il faut bien garder son prestige au sein de sa famille. Mon plus gros problème était le temps. Tous les magasins n'ouvrent qu'à neuf heures, et comme je devais emmener mon fils au foot à onze heures, cela ne me laissait qu'à peine deux heures pour glaner quelques informations et essayer de maîtriser la situation.

Heureusement, je savais exactement ce que je voulais. D'abord, payer un prix raisonnable pour ce matériel; ensuite, qu'il me soit livré à domicile et convenablement installé. Ce dernier point était particulièrement important pour moi, vu que je suis sans doute le seul homme au monde à avoir passé trois heures et demie pour assembler les trois malheureux éléments d'une mangeoire à perruches.

En me rendant dans le centre ville, je me disais intérieurement : « Herb, tu ne cherches pas à faire l'affaire du siècle; évite simplement de te retrouver dans *le Livre des records* comme le plus grand pigeon de toute l'histoire du marché audiovisuel. Alors, du calme. »

Feignant d'avoir toute la vie devant moi, j'entrai tranquillement dans le magasin à neuf heures vingt et saluai le propriétaire.

« Bonjour, me répondit-il, je peux vous aider? »

« Eh bien, je ne sais pas; je jette juste un coup d'œil. »

Étant le seul client et semblant disposer de tout mon temps, j'entamai un brin de causette amical et lui demandai, l'air de rien, si le nouveau centre commercial lui causait un préjudice important.

« Oh! répondit-il, comme ça vient juste d'ouvrir, il y a effectivement moins de monde dans mon magasin. Mais ce n'est pas irréversible. Vous connaissez les gens... Ils sont attirés par la nouveauté, mais ils s'en lassent vite, vous ne croyez pas? »

J'acquiesçai de la tête.

Il reprit : « En fait, je crois que les vieux clients finiront par revenir ici. »

Tout en regardant les radio-réveils et les télévisions, et en marquant un certain intérêt pour les magnétoscopes, je continuai à poser des questions et à instaurer une relation personnelle. Je lui expliquai où j'habitais et combien je trouvais important le rôle du petit commerce dans une ville comme la nôtre.

Il s'essuya la bouche d'un revers de main et murmura : « Si seulement plus de gens pensaient comme vous! »

Comme j'écoutais avec bienveillance, il commença à parler de ses problèmes. « Je ne comprends pas pourquoi tout le monde aujourd'hui veut utiliser des cartes de crédit. C'est à croire que le gouvernement n'imprime pas assez de billets. Mais ça me coûte de l'argent, toutes ces fantaisies. »

Toujours en devisant amicalement, je touchai du doigt un magnétoscope. « Hum... Comment ça marche? » demandai-je. « Je n'y connais vraiment rien là-dedans. »

Il m'expliqua le fonctionnement de l'appareil. « Tenez, un exemple, dit-il, avant l'ouverture du centre commercial, les sociétés du coin m'achetaient les magnétoscopes par deux ou trois. Maintenant, plus rien! »

J'en profitai pour demander : « Si on vous en prend plus d'un, vous faites des réductions comme dans les maisons de gros? »

« Bien sûr, dit-il, les yeux brillants, mon prix varie en fonction de la quantité. »

Pendant un quart d'heure, je le laissai faire sa démonstration sur le magnétoscope, puis lançai : « Lequel conseilleriez-vous personnellement ? »

Sans la moindre hésitation, il répondit : « Le RCA, c'est ce qu'il y a de mieux. J'en ai un à la maison. »

Il n'était que neuf heures quarante-cinq, et nous nous appelions déjà par nos prénoms, Herb et John. Notre relation prenait forme, et j'en savais un bon bout sur ses problèmes et ses besoins.

Ayant ainsi assuré mes arrières, je dis, aussi humblement qu'Oliver Twist mendiant un bol de gruau : « Écoutez... Je n'ai aucune idée des prix, vraiment aucune. John, je veux que des gens comme vous puissent gagner leur vie convenablement. Vous connaissez votre prix de revient, pas moi. Alors voilà ce que je vais faire : je vais m'en remettre entièrement à vous. Exactement comme j'ai accepté votre recommandation sur la marque, j'accepterai votre prix. Je refuse de discutailler avec vous. Quelle que soit la somme que vous m'indiquerez, je vous payerai tout de suite. »

« Merci Herb », dit John, visiblement très content.

Je poursuivis dans la même veine. « Je compte sur votre honnêteté, John. J'ai l'impression qu'on se connaît depuis longtemps. Vous savez, je me rends bien compte que j'aurais sûrement plus intérêt à aller au centre commercial, mais je ne veux pas marchander avec vous. »

John inscrivit un prix sur un papier, mais le garda caché par sa main droite.

« Je veux que vous fassiez une marge raisonnable, John... Mais, naturellement, je veux aussi que ce marché me soit relativement favorable. »

À ce stade, j'introduisis de nouvelles informations. (Vous vous rappelez que je devais également acheter un téléviseur couleur avec télécommande.) « Attendez... Et si je prends aussi ce Sony ? Est-ce que cela peut entrer en ligne de compte ? »

« Vous voulez dire un prix groupé ? »

« Oui, il me semble vous avoir entendu dire quelque chose de ce genre tout à l'heure », dis-je dans un souffle.

« Bien sûr, murmura-t-il, un instant, je vais refaire l'addition. »

Au moment où il s'apprêtait à me faire part de son prix,

je dis : « Je voudrais encore ajouter un point. Je pense que nous allons nous entendre sur un prix intéressant pour nous deux. Si c'est bien le cas, lorsque j'achèterai le même matériel pour mon bureau d'ici trois mois, c'est à vous que je m'adresserai. »

Tout en continuant à bavarder, je remarquai qu'il avait déjà barré le chiffre auquel il était arrivé. « Mais, John, si je m'aperçois que j'ai eu tort de vous faire confiance, alors vous ne me reverrez plus. »

« Naturellement, dit-il, je vous demande une seconde pour aller dans l'arrière-boutique. »

Il consulta un catalogue, revint sur-le-champ et griffonna un autre chiffre. Poursuivant notre conversation, je risquai cette remarque : « Je repensais à ce que vous m'avez dit tout à l'heure, au sujet de votre problème de trésorerie. Cela m'a donné une idée. Je voulais vous faire un chèque, mais... si cela vous arrange, je peux payer en liquide. »

« Et comment! répliqua-t-il, cela me rendrait grand service, surtout en ce moment. » Et, sur ces mots, il changea encore une fois le prix écrit sur son papier.

Je me tripotai la lèvre inférieure. « Vous vous chargez de l'installation, n'est-ce pas? Je dois repartir en déplacement. »

« Oui, oui, dit-il, je vous installe tout. »

« Alors, c'est parfait! dis-je, donnez-moi votre prix. »

Pour le magnétoscope et le téléviseur, il me demanda finalement 1 528,30 dollars, ce qui était tout à fait équitable, comme je pus le vérifier par la suite.

Je me rendis dans une banque voisine pour prendre cette somme en liquide que je remis à John. Mission accomplie à dix heures cinq, montre en main!

Bon, que s'est-il passé là? Comment ai-je pu m'en sortir, sans préparation, pour éviter de faire les frais d'une situation de type concurrentiel?

Étude de la stratégie mise en œuvre :

1. *Établir la confiance.* Dans la mesure où j'ai abordé mon interlocuteur de façon détendue, avec amabilité et sincérité, je l'ai prédisposé à agir de même envers moi.
2. *Obtenir des informations.* J'ai posé des questions, écouté

avec sympathie et fait preuve de compréhension à son égard.

3. *Répondre à ses besoins.* J'ai formulé toutes mes offres en fonction de ses propres besoins.
4. *Reprendre ses idées.* Je me suis souvent contenté de développer des idées qui venaient de lui.
5. *Transformer une relation ponctuelle en une collaboration durable.* J'ai déployé tous mes efforts pour qu'il ne me voie pas comme un acheteur occasionnel mais comme un client fidèle.
6. *Prendre des risques calculés.* Même si j'étais prêt à accepter son prix sans discuter, j'ai pris quelques précautions pour minimiser mon risque. Par exemple, en établissant une bonne relation personnelle avec lui, en donnant mes informations au compte-gouttes, en faisant appel au pouvoir de la morale et en laissant miroiter la possibilité d'achats à venir.
7. *L'inciter à m'aider.* En impliquant le vendeur, j'ai pu utiliser ses données et ses compétences pour résoudre notre problème commun.

Non seulement John m'a merveilleusement tout installé, mais en plus, il m'a fait cadeau d'une petite table pour le magnétoscope, que je n'avais même pas pensé à lui demander. Deux mois plus tard, j'ai bien tenu ma promesse en achetant chez lui le matériel dont j'avais besoin pour le bureau. Depuis, nous sommes devenus bons amis et entretenons des rapports de confiance très étroits.

En fait, une fois que la confiance est établie, elle a plutôt tendance à durer. Les amoureux se quittent souvent, c'est moins fréquent pour les amis. Quand la confiance fait défaut, on bâtit sur des sables mouvants. Pour ne citer qu'un seul exemple, vous avez déjà dû voir des adversaires politiques essayer de conclure une alliance dans l'euphorie des dernières minutes d'un congrès national. Sans un minimum de confiance, le cadre de ce genre d'accords s'effondre très rapidement. Par conséquent, si vous voulez obtenir de bons résultats, il faut commencer par instaurer la confiance. Et le plus tôt sera le mieux!

2. *Obtenir l'implication*

Personne n'est une entité isolée. Tous les gens avec qui vous traitez sont renforcés dans leurs convictions par leur entourage. De votre banquier à votre patron, ils sont tous encouragés à se conduire d'une manière plutôt que d'une autre. Même ceux que l'on appelle les chefs, qu'ils soient chef d'État ou chef de famille, ont derrière eux toute une structure qui prépare les décisions. En réalité, être chef se résume souvent à ratifier des décisions déjà prises.

Admettons que vous ayez besoin de l'aval de votre patron pour faire quelque chose. Vous avez essayé de le convaincre, mais en vain. Vous finissez par conclure qu'il est vraiment têtu comme une mule et grommelez intérieurement : « C'est invraisemblable; impossible de s'entendre avec ce type. C'est comme si je parlais à un mur. Il est malade, ma parole! »

La solution à ce genre de problème n'est pas forcément de se soumettre docilement, de l'envoyer consulter son médecin ou de continuer à l'aborder de front. Mais on peut éventuellement trouver la réponse en demandant l'aide de ses éminences grises. Faire en sorte que ces personnes défendent votre projet fera des miracles, même avec le patron le plus obstiné de la création.

Mis à part les ermites, chacun a une structure derrière lui. Cela s'applique aussi bien à votre patron qu'à vous-même. Pris dans votre contexte professionnel ou personnel, vous appartenez nécessairement à un réseau d'amis, de subordonnés, d'associés ou de collègues. Vous les écoutez, vous leur parlez, vous les aimez bien; bref, leur avis vous importe, et ce d'autant plus que vous savez que, un jour ou l'autre, ils pourront peut-être vous rendre service. C'est cet ensemble de gens qui constitue votre propre structure. Même si vous en êtes le noyau dur, votre entourage est capable d'influencer votre comportement.

Si je parviens à ébranler votre structure, son poids peut vous faire dévier de votre projet initial. Réfléchissez-y cinq minutes. Pourquoi faites-vous certaines choses? Pourquoi habitez-vous tel quartier? Pourquoi avez-vous précisément choisi cette voiture ? Avez-vous pris ces décisions entièrement seul, ou bien vous êtes-vous laissé guider ? Si vous êtes honnête avec vous-même, vous conviendrez que nombre de ces décisions avaient déjà été prises, au moins partiellement, par d'autres. « Suivre de l'avant » est à peu près la seule initiative qui nous reste, à vous comme à moi.

Emerson a dit un jour : « Les choses sont en selle et cavalent toutes seules. » Je vais maintenant vous raconter une anecdote personnelle, où vous verrez que mon influence a été à peu près aussi déterminante que celle de la proue d'un drakkar scandinave :

Il y a quelques années, nous habitions à Libertyville, petite ville du nord de l'Illinois. Deux hectares et demi de terrain, une grande maison, quelques chênes centenaires; je pensais que nous y étions très bien jusqu'au jour où ma femme m'expliqua qu'on n'y était pas si bien que ça. Elle me dit : « Ce n'est pas du tout ce qu'il nous faut; on est mal desservi par les transports en commun. Et, en plus, les écoles du coin ne sont pas d'un assez bon niveau. » Je me frottai le menton, avalai mon café et la décision fut prise : nous allions déménager.

Comme j'étais très souvent absent pour mes affaires, ma femme dut chercher seule une nouvelle maison. Dès le départ, les prix la découragèrent complètement. Le marché de l'immobilier avait bien changé en sept ans; on le savait pour l'avoir lu dans les journaux, mais tant qu'on n'y avait pas été personnellement confronté, c'était différent.

Quoique relativement déprimée, mon épouse poursuivit ses recherches pendant deux mois, mais sans succès. Pour moi – qui ne cherchais pas – tout allait bien! J'essayais de lui remonter le moral en disant : « Ce que tu fais est très utile! Continue, tes efforts finiront par payer » ou bien : « Qui veut voyager loin ménage sa monture! »

On ne peut pas dire que ces aphorismes contribuèrent beaucoup au bonheur de notre ménage. En réaction, ma femme décida que j'avais besoin de quelques séances concrètes de sensibilisation pendant les week-ends.

Le vendredi soir, je rentrais complètement épuisé, m'écroulais dans mon lit en espérant faire la grasse matinée. Mais, ce n'était pas prévu au programme. Le samedi, elle me réveillait à l'aube avec un café, et me traînait toute la journée de visite en visite. Et, elle remettait ça le dimanche jusqu'à l'heure où je devais prendre mon avion. Je réussis à tenir trois semaines d'affilée à ce régime-là.

Finalement, les pieds en compote et d'une humeur massacrante, je lui dis : « Écoute, tu es une femme libérée, oui ou non ? Tu prétends avoir besoin de t'exprimer, de te réaliser et d'avoir plus de responsabilités, alors pourquoi n'achètes-tu pas la maison toute seule ? Et, quand ça sera fait, tu me préviendras. Tu me feras passer une note, et moi, je serai ravi d'emménager avec toi et les enfants ! » Après une petite pause, je repris : « D'ailleurs, je ne sais même pas pourquoi, moi, je dois m'en occuper car on ne peut pas dire que je passe tellement de temps à la maison. » Autrement dit : « La balle était dans son camp. »

Pendant les quinze jours qui suivirent, elle continua ses recherches. Puisque je n'y étais plus associé, ça m'était bien égal. Enfin, jusqu'à cette semaine fatidique...

Quand je suis en voyage, c'est-à-dire presque tout le temps, je passe un coup de fil à la maison chaque soir. J'admets bien volontiers, qu'avec les années, l'originalité de mes conversations téléphoniques a quelque peu baissé. Je commence en général par : « Bonsoir, comment ça va ? » Ma réponse préférée étant : « Très bien. » Puis, j'enchaîne par : « Quoi de neuf ? », en espérant vivement qu'on me répondra : « Rien ! »

Mais, revenons à cette semaine de sinistre mémoire. Les lundi, mardi et mercredi soir, on avait bien passé le même disque rayé, avec les questions habituelles et mes réponses favorites. Le jeudi, la conversation commença normalement : « Bonsoir, comment ça va ? »

Ma femme répondit : « Très bien. »

« Quoi de neuf ? » continuai-je. (Que pouvait-il y avoir de nouveau ? Je lui avais parlé la veille !)

Elle répondit : « J'ai acheté une maison. »

« *Quoi ?* Tu peux répéter ? »

« Oui. J'ai acheté une maison », dit-elle d'un ton très détaché.

« Écoute, répliquai-je, je crois que tu t'exprimes mal. Tu veux dire que tu as vu une maison qui te plaisait. »

« Parfaitement, dit-elle, et je l'ai achetée. »

Ma gorge commençait à se serrer : « Non, non; tu as vu une maison qui te plaisait, et tu as fait une offre au propriétaire. »

« Exact, dit-elle, et comme il l'a acceptée, la maison est à nous. »

Je ravalai ma salive : « Tu as a-a-acheté une maison ? Une vraie maison ? C'est pas possible ! »

« Mais si », reprit-elle le plus normalement du monde. « Ce n'était pas si difficile... Tu verras, elle te conviendra très bien. La construction date d'une cinquantaine d'années, un peu dans le style Tudor, tu vois ? Il y a seize chambres et le tout donne sur le lac Michigan. »

Je ressentis des élancements douloureux dans tout le bras gauche. Je répétai sans cesse, complètement hébété : « Tu as a-a-acheté une maison. »

« Mais oui », insista-t-elle.

Finalement, se rendant compte que la nouvelle m'avait fait un choc, elle adoucit sa voix et ajouta : « Mais, j'ai fait préciser par écrit que l'achat ne se ferait qu'avec ton accord. »

Je me sentis un peu mieux. « Tu veux dire que si ça ne me convient pas, on peut tout annuler ? »

« C'est ça, m'assura ma femme, nous avons jusqu'à dix heures samedi pour nous décider. La seule chose, si ça ne te plaît pas, c'est qu'il faudra que je reprenne tout à zéro. »

Je rentrai tard le vendredi soir, mais me réveillai tôt le lendemain, frais et dispos. Ma femme et moi devions aller voir la maison qu'elle croyait avoir achetée. Cependant, c'était moi, en tant que chef de famille, qui devais personnellement me rendre sur place pour donner le feu vert officiel.

Sur la route, je demandai à mon épouse : « Au fait, il y a déjà des gens qui sont au courant ? »

« Oh oui », dit-elle.

« Comment se fait-il ? C'est tout récent ! »

« Plein de gens même », reprit-elle.

« Mais qui ? »

« Eh bien, d'abord nos voisins et amis. D'ailleurs, ils nous préparent un dîner d'adieu pour ce soir. »

Je serrai les mâchoires. « Comment ça “ d'abord ”? À qui d'autre en as-tu parlé? »

« À la famille. C'est-à-dire ta famille et ma famille. Maman a déjà commandé le tissu pour les rideaux du salon. Je lui avais donné toutes les mesures par téléphone. »

L'estomac complètement noué, j'essayai de continuer à conduire.

« Et qui d'autre? »

« Il y a les enfants, bien sûr. Ils l'ont dit à leurs copains et à leurs professeurs. Ils ont choisi chacun leur chambre; Sharon et Steven sont même allés dans les grands magasins pour acheter des meubles qui leur plaisaient. »

« Et la chienne, qu'est-ce qu'elle en pense? » demandai-je, pour me donner une contenance.

« Oh, Fluffy y est allée aussi. Elle n'a pas arrêté de renifler partout comme à son habitude. Elle semble avoir beaucoup apprécié les bouches à incendie au coin de la rue, et le chien du voisin lui a nettement tapé dans l'œil. »

Comment expliquer la situation? Très simple : la structure était en train de se désolidariser de son noyau dur. C'est ce qu'on appelle la Théorie des Zigzags du Comportement Structurel. Comme vous le savez, au début, tout le monde se tient les coudes. Puis, soudain, sans qu'on sache pourquoi, les troupes se dispersent en zigzags.

Alors, le chef se retrouve tout seul au milieu du champ de bataille déserté et se demande : « Mais qu'est-il arrivé? Où sont-ils donc tous passés? » Ce phénomène est bien connu sous le nom de solitude, surtout si l'on n'a même pas une cigarette sous la main.

Dans mon cas, le soi-disant chef de famille était seul dans son zig, et tous les autres avaient fui dans leurs zags. Que pensez-vous que fit le grand chef? Vous avez gagné! Il entérina la décision, afin de conserver au moins son titre de chef.

Il m'arrive souvent de penser que ma femme en sait plus long que moi sur le chapitre de la négociation. Elle a bien compris que *lorsque le corps bouge, la tête est obligée de s'incliner.*

Elle n'a rien fait d'autre que de s'assurer du soutien de personnes qui me tiennent à cœur. Ainsi, elle a mis en pratique le vieux proverbe qui dit : « Il est souvent plus facile d'obtenir un pardon qu'une permission. » Bref, elle m'a mis devant le fait accompli. Et, pour sauver les apparences de mon autorité, j'ai suivi de l'avant. En apposant ma signature sur la promesse de vente, je n'ai fait que ratifier une décision prise au préalable par ma femme, mes enfants, ma famille, nos amis et voisins, et, naturellement, Fluffy, la chienne.

Ne croyez jamais qu'une personne est seule décisionnaire. Voyez-la plutôt comme un noyau dur autour duquel gravitent des tas d'autres gens. Et, en remportant l'adhésion de la périphérie, vous influencerez le comportement du centre.

3. Gérer l'opposition

Pour se tailler une place au soleil, il ne faut pas craindre les coups; il y aura toujours quelqu'un qui voudra vous barrer la route. Cette opposition n'a rien de malsain. Au contraire, elle vous permet d'aiguiser votre esprit et de perfectionner votre savoir-faire; en plus, elle donne un peu de piquant à la vie. Une situation de concurrence loyale vous éclaire sur vous-même et contribue ainsi à vous faire évoluer. Comme l'écrivit Walt Whitman : « N'avez-vous pas tiré de précieux enseignements de ceux qui se sont ligués contre vous ? »

L'opposition est la source même de la vie. L'équilibre de notre corps en dépend aussi. Lorsqu'un bébé essaye, pour la première fois, de se tenir debout, il se heurte à la force de gravité et tombe. Mais, à chaque nouvelle tentative, il renforce ses muscles des bras, des jambes et du dos, et c'est comme ça qu'il finit par y arriver. Venir à bout des obstacles qu'on nous oppose nous aide à aller de l'avant.

Pour atteindre son but, il faut faire face. Si personne ne s'oppose à vous, c'est peut-être parce que vous ne faites rien, et n'avez donc pas matière à négocier. Remarquez, si vous n'avez vraiment aucune activité, vous ne tarderez pas à rencontrer une certaine opposition; que ce soit votre patron, vos collègues ou subordonnés, votre conjoint ou votre famille... Quelqu'un vous reprochera bientôt votre mollesse. Ou peut-être vous retrouverez-vous tout simplement avec votre cafard, sorte de manifestation d'une opposition intérieure. Donc, la question n'est pas de savoir si vous serez en opposition, mais plutôt avec qui.

L'opposition se présente sous deux formes différentes :

A. Ponctuelle.
B. Systématique.

A. L'opposition ponctuelle

Elle se résume à un désaccord qui intervient sur un point précis. Il n'y a donc pas d'antagonisme irréductible sur l'essentiel. Par exemple, vous dites : « Je pense que l'on doit faire ceci. »

Et votre interlocuteur répond : « Pas du tout, à mon avis, il faut faire cela. » Si vous abordez cette divergence de points de vue selon la méthode décrite au chapitre précédent, vous arriverez sûrement à vous mettre d'accord sur une solution négociée.

Rappelez-vous que cette méthode encourage la mise en commun des informations, des idées, des expériences et des sentiments afin d'aboutir à un résultat qui fasse l'unanimité. Avec la collaboration active des deux camps, vous pouvez même réaliser une certaine synergie des efforts. C'est le cas lorsque « le tout est plus grand que la somme des parties »; autrement dit, un plus un égale trois. Ainsi, l'accord final donne à chacun plus que ce qu'il espérait au départ.

En pareil cas, l'opposition vous a bel et bien servi à atteindre votre objectif. On peut donc dire que, d'une certaine manière, l'opposition est un atout supplémentaire. Étant donné qu'une solution négociée est plus avantageuse pour les deux camps, pourquoi est-il si rare d'y arriver ?

Parce que la plupart des gens ne respectent pas ce que nous avons dit sur l'établissement d'un climat de confiance, ni sur l'approche positive du problème à résoudre. Au contraire, ils commencent à négocier en exposant leur point de vue personnel. Parfois même, ils adoptent une ligne encore plus dure et expriment leur conclusion sous forme d'ultimatum. Face à un tel discours, vous ne pouvez que répondre sur le même ton. Et, en un clin d'œil, les deux parties se retrouvent diamétralement opposées dans un conflit de type « gagnant contre perdant ». Avec, en guise d'atout supplémentaire, un véritable adversaire.

Si les deux parties voyaient clairement l'enjeu de la situation, ils laisseraient tomber leur approche « mon point de vue contre le vôtre ». Et, en espérant qu'ils ne se soient pas déjà complètement entre-déchirés, ils pourraient encore partager leurs informations, redéfinir les données du problème et arriver à une solution « tous bénéfices ».

Mais si l'on ne parvient pas à changer d'angle de vue, alors le rapprochement de positions tranchées devient très laborieux. C'est à peu près aussi rapide que d'essayer d'abattre un arbre à coups de canif. Vous pouvez passer votre vie à en taillader l'écorce, mais vous ne l'ébranlerez même pas.

Un exemple : Vous vous présentez pour un emploi et demandez un salaire annuel de 300 000 francs. C'est ce que vous pensez valoir sur le marché. Mais, compte tenu de la politique salariale de la société et de la grille des salaires utilisée, je ne peux vous offrir que 180 000 francs. Vous répétez que vous ne descendrez pas au-dessous de 300 000; et moi, je réaffirme que je n'irai pas au-delà de 180 000. Nous sommes tous deux résolus à ne pas céder.

Pour sortir de l'impasse, je tente de faire preuve d'un esprit de conciliation et concède généreusement : « Bon, je pourrais peut-être monter jusqu'à 181 000 francs. »

Non sans humour, vous répondez : « Dans ce cas, je pourrais peut-être me contenter de 299 900 francs. »

Notre combat est aussi acharné que celui de deux bouquetins au bord d'un précipice.

« C'est votre dernier mot ? » finissez-vous par demander.

« C'est mon dernier mot », dis-je.

Vous prenez la mouche et partez chercher ailleurs. De mon côté, je sors de mon tiroir une pile de curriculum vitae que je commence à feuilleter, avec une certaine irritation.

Notre opposition ne portant que sur le salaire, pourquoi ne pas plutôt chercher une solution acceptable pour nous deux ? Commencer à établir progressivement un climat de confiance nous permettant de nous communiquer mutuellement informations et expériences, sentiments et besoins. Ainsi, chacun connaît le point de vue et les contraintes de l'autre, et peut envisager le problème sous un angle différent.

De cette façon, lorsque l'on en arrive à parler du salaire, l'interlocuteur comprend à quoi correspond le chiffre énoncé.

Malgré tous ces efforts, nos positions respectives en matière de salaire sont encore très éloignées. Admettons que je vous serve un grand verre d'eau en suggérant : « Peut-être pourrions-nous laisser de côté le salaire proprement dit, et discuter des avantages en nature susceptibles de répondre à vos besoins personnels. »

Vous acquiescez de la tête. Nous reprenons alors ensemble les données du problème, en tenant compte de mes restrictions et besoins ainsi que des vôtres. Cette démarche permet de quitter le terrain du salaire, qui débouchait nécessairement sur une impasse de type « gagnant contre perdant », et d'aborder d'autres aspects de la question où j'ai les coudées plus franches.

Après un dialogue bon enfant très ouvert, nous parvenons à élaborer un cas de figure où, à côté d'un salaire de 180 000 francs, vous recevez des indemnités d'une autre nature. Ainsi, l'accord final vous rapporte plus que l'équivalent des 120 000 francs manquants sous la forme de :

1. Voiture de fonction.
2. Notes de frais.
3. Inscription dans un club de sport.
4. Intéressement aux bénéfices.
5. Cotisation à votre caisse de retraite complémentaire.
6. Emprunt à taux réduit.
7. Mutuelle gratuite.
8. Mutuelle dentaire gratuite.
9. Assurance-vie.
10. Formation complémentaire.
11. Priorité pour l'achat d'actions de la société.
12. Horaires plus souples.
13. Vacances supplémentaires.
14. Maîtrise totale de votre budget de fonctionnement.
15. Bureau avec fenêtre.
16. Emplacement de parking réservé.
17. Stages pour vos enfants.
18. Indemnités de déménagement.
19. Prime sur résultats.

20. Secrétaire particulière.
21. Moquette plus épaisse, pour que vous puissiez sauter comme un cabri.
22. Reprise de votre ancien logement.
23. Voyage annuel à Tahiti, tous frais payés, pour assister au Congrès national de l'industrie.
24. Pourcentage sur les nouveaux produits.

Bien sûr, je n'ai jamais vu de contrat de travail qui aille aussi loin. J'ai volontairement exagéré afin de vous montrer que le salaire n'est pas la seule forme possible de rémunération.

Certes, ces compensations coûtent de l'argent à l'entreprise; mais elles sont plus acceptables dans la mesure où elles ne gonflent pas la masse salariale. D'autre part, il ne faut pas perdre de vue que ces avantages ne sont pas forcément intégrés à votre revenu imposable. Leur valeur est donc plus grande que si l'on vous en donnait l'équivalent monétaire et que vous les payiez de votre poche. Tout le monde y gagne; c'est donc bien un exemple de synergie.

Rappelez-vous que la liste citée plus haut n'est pas exhaustive, et que c'est à vous de proposer des idées en fonction de vos besoins propres. Ce ne sont que des billets de banque présentés ou donnés sous une forme un peu inhabituelle.

Si vous étiez à la place du candidat, peut-être cet accord personnalisé vous conviendrait-il mieux qu'un salaire de 300 000 francs. Et, si l'arrangement reste dans des limites raisonnables, ne vous inquiétez pas pour l'employeur; il saura bien se faire payer en retour les largesses consenties.

Il s'agissait d'un exemple imaginaire de reformulation des termes d'une négociation, pour faire face à une opposition ponctuelle. En voici maintenant un exemple tout à fait véridique :

Il y a quelques années, je représentais une grande société qui souhaitait se porter acquéreur d'une mine de charbon dans l'Ohio. Le propriétaire de la mine, un négociateur tenace, en demandait 26 millions de dollars. La première offre que fit la société se situait autour de 15 millions de dollars.

« Vous vous moquez de moi », tempêta le propriétaire.

La société répondit en substance : « Pas du tout! Mais faites-nous une proposition réaliste et on en reparlera. »

Le propriétaire se montra parfaitement inflexible et maintint son prix à 26 millions.

Au cours des mois qui suivirent, les acheteurs offrirent successivement 18, 20, 21 et 21 millions et demi de dollars, mais en vain. Résultat? Impasse totale avec deux prix irréconciliables : 21,5 contre 26 millions de dollars. Comme je l'ai déjà dit, il est pratiquement impossible de négocier utilement à partir des seules conclusions. Sans aucune information sur les besoins réels de son interlocuteur, comment redéfinir les bases d'un arrangement personnalisé?

Ne comprenant pas très bien les raisons qui poussaient le propriétaire à refuser une offre très convenable, je cherchai à parler avec lui et dînai en sa compagnie à plusieurs reprises. À chaque fois, je ne manquai pas de lui expliquer que la société faisait vraiment un effort appréciable. Mais il ne répondait pas et se contentait de changer de sujet. Un soir, pourtant, il me lança : « Vous savez, mon frère a vendu sa mine 25 millions et demi de dollars sans compter les à-côtés. »

« Ah! pensai-je, c'est pour ça qu'il fait une telle fixation sur ce chiffre. Il a d'autres besoins auxquels nous n'avons pas prêté attention. »

Fort de cet élément nouveau, je provoquai une réunion avec la direction et dis : « Essayons de savoir précisément dans quelles conditions le frère a vendu sa mine. À partir de là, nous pourrons reformuler notre offre de façon plus adéquate. Il me semble que nous avons affaire à des besoins psychologiques qui n'ont rien à voir avec la valeur marchande. »

La direction approuva mon plan. Et, peu de temps après, la négociation aboutit. Le prix définitif était compris dans les limites du budget de la société, mais les modalités de paiement et les à-côtés furent tels que le propriétaire eut l'impression d'avoir fait mieux que son frère.

B. L'opposition systématique

Nous avons vu que l'*opposition ponctuelle* pouvait être combattue sur un plan purement intellectuel, à l'aide d'une argumentation basée sur des faits précis. Par conséquent, quelles que soient les divergences initiales, on peut toujours arriver à une solution « tous bénéfices ».

En revanche, l'opposition systématique est le fait d'un adversaire personnel qui ne se contente pas de n'être pas d'accord avec vous sur certains points; il vous remet carrément en cause en tant qu'être humain. Il est même capable de soupçonner que vos positions sont nécessairement inspirées par des pensées infâmes et des motifs louches. Cette atmosphère engendre d'énormes tensions et favorise l'éclosion de jugements de valeur et d'accusations; bref, quand on part comme ça, on ne cesse de compter les points. Et, à l'évidence, ce n'est pas un climat propice aux arrangements qui font l'unanimité.

Une fois que quelqu'un est dans cet état d'esprit, vous risquez de le traîner longtemps derrière vous, car ce ne sont pas des gens que l'on arrive à convaincre facilement. Tous les raisonnements, les faits, les idées et les preuves que vous étalerez devant eux ne leur suffiront pas. La seule solution est donc de se conduire de manière à ne pas créer de telles inimitiés. Évitez de vous faire des ennemis, exactement comme vous fuyez les maladies contagieuses.

La question qui se pose maintenant est donc de savoir comment procéder. D'abord, il faut savoir que si vous attaquez quelqu'un de front, vous avez de bonnes chances de vous en faire un ennemi mortel.

Essayons de bien distinguer entre la « façade » et « l'amour-propre ». La « façade », c'est l'image que l'on veut donner de soi aux autres; elle a donc un côté public. Dans une négociation difficile, sauver la face signifie que l'on a au moins réussi à préserver son statut, son prestige, sa dignité et le respect que l'on inspire aux autres.

Par opposition, « l'amour-propre » est une valeur intériorisée qui mesure l'opinion que l'on a de soi-même, de ses propres capacités, de sa valeur et de l'importance du rôle que l'on joue.

Quoique proches, ces deux concepts ne se recoupent pas exactement; l'un étant tourné vers l'extérieur, l'autre exclusivement personnel.

Pour être encore plus clair, imaginons qu'au cours d'un entretien privé, je vous attaque en vous traitant d'escroc, de rigolo et de menteur. Cette agressivité parfaitement gratuite aura pu vous désarçonner quelques instants, mais votre amour-propre vous permettra certainement de surmonter l'incident.

Une fois parti, vous hochez la tête en pensant : « Non seulement ce type est mal élevé, mais en plus il est complètement dingue! » D'autre part, si le lendemain, ayant retrouvé mon état normal, je viens vous présenter des excuses sincères pour ce moment d'égarement, il vous est possible de me pardonner, car tout s'est passé en tête à tête.

Admettons maintenant que je vous aie insulté exactement dans les mêmes termes, mais cette fois en public, au cours d'une réunion ou devant vos associés. Même si votre amour-propre vous souffle que mes accusations sont parfaitement injustifiées, vous aurez perdu la face et serez blessé dans votre fierté. À ce moment-là, vous commencerez à compter les points et à préparer votre revanche.

Si, le lendemain, je viens vous supplier de me pardonner, il est probable que vous n'accepterez pas mes excuses. Et, ce d'autant plus que je fais amende honorable en privé, alors que vous avez essuyé un affront public. Par ce genre d'indélicatesse, je vous aurai transformé en un ennemi tenace.

Les gens ne reculent devant rien pour éviter de perdre la face. Nous avons tous une capacité remarquable à nous protéger dans de telles situations, soit en déformant la réalité, soit en effaçant purement et simplement l'épisode de notre mémoire. Une chanson récente disait très bien : « Ce qui est trop pénible, nous choisissons de l'oublier. »

Je connaissais un directeur de société, licencié après des années de bons et loyaux services, qui n'en avait jamais rien dit à sa famille ou à ses amis. Chaque matin, il prenait son train pour Manhattan avec son attaché-case. Il passait ses journées au cinéma ou à la bibliothèque, attendant l'heure normale pour rentrer chez lui.

Pendant presque deux mois, il réussit à sauver les apparences, jusqu'au jour où sa femme, qui n'était au courant de rien, lui téléphona à son bureau. L'histoire est pathétique, mais illustre bien jusqu'à quelles extrémités on peut aller pour préserver l'image que notre entourage a de nous. On retrouve d'ailleurs ce thème dans les pièces d'Eugene O'Neill et de Tennessee Williams où les personnages se cramponnent souvent à des faux-semblants et à des rêves pour protéger leur « façade ».

Compte tenu du fait que les gens sont prêts à faire n'importe quoi pour ne pas perdre la face, on risque, en les offensant publiquement, de les acculer à des comportements irrationnels. Il faut donc apprendre à parler franchement et à présenter ses idées sans heurter son interlocuteur au point de s'en faire un ennemi acharné.

Souvenez-vous toujours de cette loi physique qui dit que « toute action entraîne une réaction » et des sages paroles de Bernard Baruch selon qui : « Il y a deux choses qui sont mauvaises pour le cœur : monter les escaliers et descendre les gens. »

Pour bien mettre en évidence les risques encourus face à un ennemi viscéral, deux exemples me viennent à l'esprit :

Le premier concerne Kate, une chef de bureau très compétente, employée dans une grande entreprise pratiquant une politique de « porte ouverte ». Ce qui signifie en clair que si un salarié a des problèmes, il peut faire appel à la direction sans suivre la voie hiérarchique. Kate estimant, à juste titre, être maltraitée par son supérieur direct, essaya, mais en vain, d'en parler avec lui, puis décida d'exercer ses droits.

Elle écrivit donc au président et fut invitée à se rendre au siège social de la société. Elle y fut reçue par le vice-président à qui elle exposa son cas. À la fin de l'entretien, la réputation du patron de Kate n'en sortait pas grandie.

Une semaine après, Kate et son patron furent convoqués ensemble par la direction. Ce fut pour lui l'occasion d'admettre ses erreurs, de promettre un changement de comportement et de présenter ses excuses. Ainsi, l'affaire se résolutelle à la satisfaction de Kate, mais ses rapports avec son supérieur n'en devinrent pas meilleurs pour autant.

D'abord, il commença à lui faire remarquer publiquement ses erreurs. Puis, il se mit à pointer systématiquement ses horaires d'arrivée et de départ. Dans les mois qui suivirent, il lui infligea quelques vexations mesquines au cours de réunions du personnel et omit de lui transmettre certaines notes d'information, ce qui empêcha Kate de prendre des mesures nécessaires en temps utiles. Et, en fin d'année, son augmentation fut moins importante que prévu.

Dix mois après l'épisode de « la porte ouverte », Kate finit par comprendre le message et quitta sa « prison » pour un autre emploi qu'elle me décrivit comme « tout sucre, tout miel ».

Le deuxième exemple est celui de Vince, un professeur de sciences sociales qui, en dehors de ses cours, entraînait l'équipe de base-ball de son collège. Face à certaines difficultés financières, la directrice du collège en question réunit l'ensemble du personnel enseignant afin de décider sur quels postes devraient porter les réductions budgétaires. Elle fit une présentation sur diapositives très détaillée, d'où elle tira un certain nombre de conclusions. À la fin de son exposé, tout en rangeant les diapos dans sa serviette, elle posa la question rituelle : « Est-ce que quelqu'un a une remarque à faire ? »

À ce moment-là, Vince saisit l'occasion et fit observer qu'il y avait un manque de logique dans le choix des statistiques présentées; puis, il continua à démontrer avec beaucoup d'éloquence que, d'une façon générale, les conclusions de la directrice n'étaient pas dans la ligne des arguments qu'elle avait avancés.

Ces commentaires furent particulièrement clairs pour la directrice, qui était agrégée de mathématiques et aimait à citer la phrase de Michel Ange : « La perfection est faite de détails, mais la perfection elle-même n'est pas un détail. » Personne ne reprocha à Vince cette intervention, mais, au semestre suivant, on lui demanda d'arrêter le base-ball et de faire du foot et, un an après, il fut muté dans un autre collège beaucoup plus éloigné de chez lui.

Pour autant que je sache, il y est toujours, et on peut dire que sa carrière universitaire, pourtant prometteuse, est sur une voie de garage.

Ces deux exemples illustrent bien les risques que l'on prend à ridiculiser quelqu'un publiquement. Même si vous avez cent fois raison, évitez d'humilier votre interlocuteur, et surtout devant témoins. Rappelez-vous bien ce principe, pas seulement pour ménager les autres, mais pour vous ménager vous-même. En fin de compte, ne pas avoir d'ennemi viscéral, c'est ne pas s'exposer à une *insatisfaction mutuelle.*

Comment être sûr de ne pas se faire de tels ennemis? Mes règles tiennent en deux petites phrases :

1. N'oubliez jamais le pouvoir que vous avez sur vous-même

J'ai dit précédemment que la négociation, professionnelle ou personnelle, n'est qu'un jeu et que, par conséquent, il faut s'en soucier mais jamais « à ce point ». Même si vous avez motif à prendre une revanche, abstenez-vous. Vous le savez bien, dans la plupart des cas, ce n'est pas ce qu'on vous a fait qui vous rend malade, c'est plutôt la vision que vous en avez. Rien ni personne ne peut vous irriter si vous ne vous laissez pas aller. Thomas Jefferson faisait allusion à cette maîtrise de soi quand il disait : « Le meilleur moyen pour dominer quelqu'un, c'est de rester calme et serein en toutes circonstances. » Répétez-vous sans cesse : « Ce n'est qu'un jeu. Nous sommes au royaume de l'illusion. Une stratégie mise à jour n'est plus une stratégie. Je m'en soucie, mais pas à ce point. »

2. Ne jugez pas les actions et les motivations des autres

Puisqu'on ne peut pas lire dans les pensées ou le cœur des autres, il serait absurde de prétendre savoir ce qui les pousse à agir de telle ou telle façon. Bien souvent d'ailleurs, ils ne le savent pas eux-mêmes.

De plus, si vous réagissez trop vite à une information, votre interlocuteur peut se rétracter ou la boucler définitivement.

Par exemple, en rentrant un soir chez lui, un adolescent dit à ses parents d'un ton très détaché : « Vous savez quoi ? On vient de m'offrir un joint! »

« On t'a quoi ? » hurlent les parents d'une seule voix, surprenant leur fils par la violence de leur réaction. Inconsciemment, l'adolescent se referme sur lui-même et un silence lourd de sous-entendus s'installe. Maintenant, je vous pose la question, croyez-vous que la discussion qui s'ensuivra sera détendue et ouverte ?

Oublions cet incident, et pensons à l'avenir. Est-ce que ce garçon reviendra confier à ses parents d'autres informations de même nature dans les mois ou les années qui viennent ? Je ne le crois vraiment pas.

Pourquoi ? Parce que les enfants sont suffisamment perspicaces pour savoir que ça ne vaut pas la peine d'aller demander l'aide de ses parents, si c'est pour en repartir avec deux problèmes au lieu d'un seul. En vous conduisant ainsi, tant au bureau qu'à la maison, vous ferez tarir vos sources d'information, et votre capacité à faire s'impliquer les autres s'en trouvera fortement diminuée.

Peut-être cet exemple d'explosion parentale est-il un peu outré; cependant, on rencontre fréquemment le même genre de jugement, exprimé de façon moins violente mais tout aussi négative, dans les petites phrases de tous les jours et les allusions qui les accompagnent :

1er exemple

Une mère entre dans la chambre de sa fille en disant : « Cet endroit est une véritable porcherie; tu n'as vraiment aucun respect de rien. »

2e exemple

Une femme dit à son mari : « Tu ne fais rien pour moi! Tu ne pourrais pas au moins vider ton assiette avant de la mettre dans l'évier ? »

3e exemple

Un père exaspéré hurle à son enfant : « Avec ta musique de sauvage, tu pollues tout le quartier. »

4e exemple

Un négociateur se tourne vers son interlocuteur et lui fait remarquer « Votre analyse des données ainsi que votre budget sont complètement faux. »

Dans chacun de ces quatre exemples, celui qui parle se positionne, en fait, comme un juge et se permet de condamner le style de vie, les valeurs, l'intégrité ou l'intelligence de l'autre.

En aucun cas, je ne veux insinuer que vous pourriez transformer un membre de votre famille en ennemi acharné par de simples remontrances. Ce que je veux dire, c'est que de telles remarques, surtout si elles sont faites en public, peuvent être offensantes. De plus, on ne change pas sa façon de parler sur commande ; on peut donc se laisser entraîner à des excès regrettables dans des relations où la confiance n'est pas encore bien établie, et où les sensibilités sont plus grandes.

On peut pourtant remédier aisément à ce problème potentiel en remplaçant systématiquement le « tu » par un « je ». Ainsi, vous exprimerez vos sentiments personnels, vos réactions et vos besoins sans pour autant émettre de jugement.

Cette simple modification rendra les messages plus acceptables :

1er exemple

« Quand je vois ta chambre dans cet état, ça me rend malade. »

2e exemple

« Si on pense à enlever les restes dans les assiettes, je mets deux fois moins de temps pour faire la vaisselle. Et, pour moi, ça compte car j'ai horreur de faire la vaisselle. »

3e exemple

« Je suis fatigué et un peu nerveux, et ne supporte pas la musique aussi fort. »

4e exemple

« Mon analyse de ces données est différente de la vôtre. Il me semble que... »

Nous avons vu précédemment qu'une certaine opposition est indispensable à la croissance et au progrès. Le progrès vient toujours de ceux qui s'opposent et refusent l'immobilisme. Ils apportent leurs idées et leur savoir-faire, créant ainsi la tension nécessaire à l'exploration de possibilités nouvelles et au développement de solutions créatives.

Par conséquent, traitez vos opposants comme des alliés potentiels. Expliquez-leur votre point de vue avec sincérité et ténacité, mais sans aller jusqu'à en faire une affaire personnelle. De toute manière, vous ne pouvez pas éviter toutes les sources de conflit; faites seulement en sorte qu'elles soient dépourvues de tout contenu émotionnel, afin qu'une opposition ponctuelle ne devienne pas systématique.

À la lecture de ce chapitre, vous voyez bien que mon propos est loin de toute idée de mise en scène ou d'escroquerie. Une négociation implique une véritable collaboration, et non une succession de lâchetés, de tentatives d'intimidation, de paroles en l'air et de manipulations frauduleuses.

Bien au contraire, je préconise une stratégie visant à construire une relation durable sur des bases solides. Les partenaires peuvent ainsi canaliser leurs énergies pour résoudre les problèmes à leur satisfaction mutuelle. En établissant un climat de confiance, les besoins de chacun sont pris en compte et leurs positions respectives s'en trouvent renforcées.

Les Solutions de Compromis

Malheureusement, nombreux sont les négociateurs qui pensent que compromis est synonyme de collaboration. Mais c'est faux. De par sa définition même, le compromis est un accord qui n'a pu se faire que parce que chacune des deux parties a renoncé à quelque chose qui lui tenait à cœur. Le résultat ne peut donc leur apporter qu'une satisfaction incomplète.

La stratégie du compromis repose sur un postulat erroné, à savoir que vos besoins et les miens s'excluent nécessairement; et que, par conséquent, on ne peut jamais atteindre une satisfaction partagée. Partant sur cette base, chacun commence à énoncer des exigences démesurées, dans le seul but de se laisser une marge pour faire, plus tard, un certain nombre de concessions.

Sous la pression des événements, nous sommes conduits à mettre de côté nos différences et à faire chacun la moitié du chemin pour s'entendre. Mais cette solution n'est acceptée que pour éviter l'impasse, et personne n'y trouve vraiment son compte.

Nous essayons alors de nous consoler en répétant quelques vieux clichés usés jusqu'à la corde du style : « C'est toujours mieux que rien », « Qui donne peu reçoit peu » ou « Une bonne négociation doit laisser les deux camps sur leur faim ». Inutile de dire qu'aucun de nous ne se sent véritablement obligé de respecter cet arrangement, puisqu'il ne nous a pas réellement satisfaits.

Si nous devions appliquer cette formule au pied de la lettre dans toutes nos négociations, nous aboutirions à des solutions parfaitement ridicules. Quelques anecdotes toutes simples vont vous permettre de bien comprendre cette remarque :

1er tableau

Deux étudiants de Paris décident de passer leurs vacances d'été ensemble. L'un veut aller à Chamonix, et l'autre à Brest. Tout ce que l'on sait, c'est que chacun a fait son choix indépendamment de l'autre.

Admettons que le critère géographique soit le seul retenu pour arriver à un compromis. Alors, nos étudiants iront passer leurs vacances aux environs du château d'Amboise, dans l'Indre-et-Loire.

Évidemment, j'exagère un peu pour bien me faire comprendre. Mais vous voyez bien que s'ils avaient échangé leurs informations, leurs expériences, leurs préjugés et leurs besoins, ils auraient pu trouver une destination qui réponde à leurs attentes respectives.

Par exemple, si l'un a envie de faire de l'alpinisme, et l'autre de faire de la planche à voile, il existe des endroits, tel Cassis, qui combinent à merveille ces différents impératifs.

2e tableau

Je tiens cette histoire d'un de mes amis qu'on appelle gentiment Grand Bouddha, « l'illuminé ». On lui a donné ce surnom parce qu'un jour, il a quitté femme et enfants pour se consacrer entièrement à la recherche de la vérité. Dans son cas, la noble quête n'aura duré que vingt-deux heures, mais le sobriquet lui est toujours resté.

Grand Bouddha racontait une dispute entre ses deux fils qui intervint à la fin d'un dîner. L'objet du conflit était une pomme de terre cuite à la cendre, ce qui n'est pas vraiment un enjeu vital. Néanmoins, les deux garçons prétendaient avoir droit à cette pomme de terre, et la tension ne cessait de monter.

Assumant son rôle de patriarche, mais sans aucune information complémentaire, mon ami prit la décision à leur place. Dans la meilleure tradition bouddhiste de la « voie médiane », il coupa la pomme de terre en deux et en attribua une part à chacun des frères rivaux. Très content de sa solution, Grand Bouddha se retira au salon pour chercher la sérénité, ou peut-être le nirvâna grâce à son téléviseur.

Plus tard dans la soirée, Grand Bouddha fut informé que son « merveilleux compromis » avait été renégocié. En effet, un fils ne voulait que la peau de pomme de terre, alors que l'autre désirait exclusivement l'intérieur. Donc, leurs besoins n'étaient pas en opposition et la meilleure solution ne résidait pas dans un compromis mathématique.

3e tableau

Étant enfant, je partageais ma chambre avec ma sœur aînée. La différence d'âge était minime, mais il y avait un grand décalage de maturité entre nous. Ses activités culturelles et académiques tranchaient fortement avec mes préoccupations d'alors, qui tournaient essentiellement autour des feuilletons que j'écoutais sans cesse à la radio.

À cause de ces intérêts divergents et de la promiscuité imposée par le partage de la chambre, nous nous disputions souvent. Pendant des mois, il y eut des tentatives de compromis, renforcées par des accords écrits et une médiation parentale, mais rien ne parvint à atténuer le conflit.

Finalement, le problème fut surmonté lorsque chacun

reconnut que nous perdions beaucoup de temps et d'énergie à essayer de mettre au point de nouveaux compromis purement mathématiques. Ainsi, en se rendant compte que nous partagions, en fait, la même volonté de régler le problème à notre satisfaction mutuelle, nous avons pu dépasser les contraintes d'espace et de temps et trouver la bonne solution : l'achat d'écouteurs pour la radio. Par la suite, je pus écouter la radio autant que j'en avais envie, sans déranger ma sœur.

Comme le montrent ces exemples, un « compromis mathématique » n'aboutit pas nécessairement à une solution satisfaisante. De plus, si l'on recourt à ce procédé de façon systématique, on accroît sensiblement la part du jeu et son cortège de manœuvres tactiques, d'ultimatums et de comportements égocentriques et hostiles.

Ceci ne veut pas dire que le compromis est toujours à bannir. Il arrive que ce genre de stratégie soit bien adapté aux circonstances. Il faut donc reconnaître que, de temps en temps, l'efficacité passe par une certaine dose de compromis, de persuasion, de concurrence et même de menaces.

Toutefois, dans le cadre d'une relation durable, vous ne devez pas vous contenter d'une solution qui soit seulement « acceptable »; vous devez faire l'effort de chercher un résultat qui donne entière satisfaction aux deux parties en présence. Si les circonstances l'exigent, vous pourrez même être amené à modifier votre comportement pour vous montrer soit plus accommodant, soit plus agressif.

À l'image d'un grand joueur d'échecs, un négociateur averti doit connaître toutes les stratégies imaginables, depuis l'ouverture jusqu'à la fin de la partie. Il peut alors aborder la négociation, fort de la conviction qu'il est bien préparé à toutes les éventualités susceptibles de se présenter. Ceci ne l'empêche pas d'œuvrer en faveur du meilleur résultat possible, c'est-à-dire celui qui donnera à chacun ce qu'il attend. Il sait que le compromis est une solution de repli acceptable, même si elle n'est pas parfaite, et qui a au moins le mérite de permettre d'éviter l'impasse totale.

Tout au long de ce chapitre, j'ai insisté sur le fait que gagner une négociation n'implique pas forcément que quelqu'un d'autre perde. Gagner signifie préparer une solution en gardant la réalité bien présente à l'esprit, et en étant capable de mettre en place la meilleure stratégie possible.

Gagner signifie satisfaire ses besoins tout en restant en accord avec ses convictions et son système de valeurs. Gagner signifie découvrir les besoins de l'autre, et lui montrer comment il peut y répondre sans vous empêcher de répondre aux vôtres.

On peut très bien parvenir à la satisfaction des besoins de chacun, dans la mesure où il n'y a pas deux personnes qui ont les mêmes goûts. Nos besoins sont comme des empreintes digitales : ils sont différents pour chacun.

Le plus drôle, c'est que si j'obtiens ce que je veux, que ce soit un produit, un service, un droit ou une chose, je n'en retirerai qu'une satisfaction partielle. Ce qui comptera bien davantage, c'est la façon dont j'aurais atteint mon but. Vous vous rappelez le couple qui avait acheté une pendule ou le « Miracle » survenu au kiosque de la 54e rue ? Dans ces exemples, c'était bien la nature même du processus de négociation qui était capable de répondre aux besoins et d'apporter satisfaction.

C'est cette unicité des besoins et la prééminence du processus de négociation qui nous poussent tous à faire des choses un peu bêtes. Avez-vous déjà observé des gens qui reviennent d'un séjour sous les Tropiques ? Après tout juste deux semaines de vacances, ils font la queue pour passer la douane en arborant des tenues hawaiiennes extravagantes, et en portant à la main de larges sombreros ou des alligators empaillés. À chaque fois, cela me fait sourire. Puis, je me rappelle que je suis moi-même l'heureux propriétaire d'un « serape » mexicain !

Savez-vous seulement ce que c'est ? C'est un châle, ou plus exactement un poncho, c'est-à-dire une espèce de couverture en laine très colorée que portent les Mexicains. Tout le monde sait que ces « serapes » se vendent des fortunes aux touristes blancs.

Avant de vous raconter comment j'ai fini par faire cette acquisition, laissez-moi vous préciser mon état d'esprit et mes besoins en la matière. Je crois pouvoir dire honnêtement que, depuis ma plus tendre enfance, je n'ai jamais voulu, désiré ou convoité d'aucune façon un « serape ». Même dans mes fantasmes les plus osés, je ne me suis jamais imaginé dans cette tenue. J'aurais pu vivre toute ma vie sans « serape » et me dire le jour de ma mort : « Tout compte fait, j'ai été très heureux. » Les choses étant ce qu'elles sont, comment ce besoin – un besoin que j'avais toujours ignoré – a-t-il pu se développer et être satisfait ?

Il y a sept ans, j'étais en vacances avec ma femme à Mexico. Nous étions en train de nous promener lorsqu'elle me tira par la manche en disant : « Regarde! Il y a des lumières là-bas! »

Je grommelai : « Ah non, je ne veux pas y aller. C'est un coin pour touristes. Je ne suis pas venu pour ça. Je veux sentir les parfums d'une culture différente... aller à la rencontre de l'inconnu... de l'authentique... me laisser surprendre par une humanité pure... déambuler par les rues au milieu de la foule bigarrée. Mais si toi, tu veux te vautrer dans les abîmes de la consommation, libre à toi; je te retrouverai à l'hôtel. »

Ma femme, peu convaincue par le lyrisme de mon discours et aussi indépendante que d'habitude, me fit au revoir de la main et disparut. Déambulant par les rues au milieu de la foule bigarrée, je remarquai un peu plus loin un « vrai » Mexicain. En m'approchant, je fus surpris de constater que, malgré la chaleur, il portait un « serape ». En réalité, il en portait toute une pile et criait à tue-tête : « 1 200 pesos! »

« À qui peut-il bien s'adresser ? » me demandai-je. « Sûrement pas à moi! D'abord, je ne vois pas comment il saurait que je suis un touriste. Ensuite, je n'ai pas pu lui faire savoir, même par transmission de pensée, que je voulais un " serape "! Puisque, comme je l'ai dit tout à l'heure, je ne voulais absolument pas de " serape "! »

Faisant de mon mieux pour l'ignorer, j'accélérai quelque peu le pas. « D'accord, dit-il, je vais vous faire un prix; je vous le laisse à 800 pesos. »

À ce moment-là, je lui adressai la parole directement pour la première fois. « Mon ami, j'ai beaucoup de respect pour votre activité, et admire votre rapidité et votre ténacité. Cependant, je ne veux pas de " serape ". Je ne désire cet article d'aucune façon. Voudriez-vous donc avoir l'amabilité d'aller vendre votre marchandise ailleurs ? » J'allai même jusqu'à lui parler dans sa langue maternelle : « Vous comprendo ? »

« Si », répondit-il, indiquant ainsi qu'il me comprenait parfaitement.

Je repris mon chemin, mais ses pas résonnaient derrière moi. Il ne me quittait pas d'une semelle et répétait sans arrêt : « 800 pesos! »

Quelque peu gêné, je commençai à courir à petites foulées, mais le vendeur de « serapes » me suivit à la même allure. Il avait baissé son prix à 600 pesos. Nous dûmes nous arrêter à un carrefour à cause de la circulation, et il poursuivit son monologue : « 600 pesos!... 500 pesos!... Bon d'accord, 400 pesos! »

Dès que je pus, je traversai la rue en courant, espérant ainsi le décourager définitivement. Mais, avant même que je pense à me retourner, j'entendis ses pas derrière moi et son inlassable ritournelle : « Señor, 400 pesos! »

À ce stade, j'étais en nage, épuisé et très irrité par son insistance. Je lui fis face, un peu hors d'haleine, et marmonnai entre mes dents à son intention : « Bon sang! Je viens de vous le dire, je ne veux pas de " serape ". Alors, cessez de me suivre! »

D'après mon attitude et le ton de ma voix, il sembla bien comprendre le message.

« Bon, vous avez gagné, me répondit-il, parce que c'est vous, 200 pesos. »

« Qu'est-ce que vous dites? » demandai-je, surpris par mes propres paroles.

« 200 pesos! » répéta-t-il.

« Faites-moi voir vos " serapes "! »

Pourquoi ai-je alors demandé à voir ces « serapes »? Est-ce que j'en avais besoin d'un? Est-ce que j'en voulais seulement un? Non, je ne crois pas. Mais peut-être avais-je changé d'avis?

N'oubliez pas que ce marchand des rues était passé de 1 200 à 200 pesos. Je ne savais pas comment, mais j'avais bel et bien réussi à lui faire baisser son prix de 1 000 pesos.

Nous commençâmes à discuter plus sérieusement, et il m'apprit que le prix le plus bas jamais payé à Mexico pour un « serape » était de 175 pesos. Cette affaire inouïe avait été conclue par un type qui venait de Winnipeg au Canada, mais dont les parents étaient originaires de Guadalajara. En fin de compte, je négociai le mien pour 170 pesos, battant ainsi tous les records jamais enregistrés à Mexico dans ce domaine. Et, j'allais rentrer aux États-Unis avec un beau « serape », juste pour le Bicentenaire!

Il faisait une chaleur torride. Je transpirais à grosses gouttes, mais tenais absolument à porter mon « serape », dans lequel je me trouvais beau comme un dieu. Il avantageait ma modeste silhouette et j'admirais mon image, qui se reflétait dans les vitrines des magasins sur tout le chemin de retour à l'hôtel.

En entrant dans notre chambre, je trouvai ma femme allongée sur le lit, en train de feuilleter un magazine et lui dis : « Eh! Regarde ce que j'ai acheté! »

« Quoi? » demanda-t-elle.

« Un superbe " serape "! »

« Tu l'as payé combien? » demanda-t-elle, l'air de rien.

« Pour résumer, commençai-je plein d'assurance, figure-toi qu'un marchand mexicain en demandait 1 200 pesos et que le négociateur international – qui te fait l'honneur de partager tes week-ends – l'a eu pour 170 pesos. »

Elle fit une petite grimace. « C'est très intéressant car, moi, j'ai trouvé le même à 150 pesos. Il est dans la penderie. »

Je changeai de couleur et ouvrit la penderie. Puis, j'enlevai mon « serape » et m'assit sur le lit pour réfléchir.

Pourquoi avais-je acheté ce « serape »? Est-ce que j'en avais jamais ressenti le besoin? Est-ce que j'en avais jamais eu envie? Est-ce qu'au moins ça me faisait plaisir d'en avoir un? Non, décidément non. Dans les rues de Mexico, je n'avais pas croisé un simple marchand, mais un génie international du marketing et de la psychologie. Il avait réussi à mettre sur pied une stratégie qui répondait à mes besoins, alors que, moi-même, je n'avais pas conscience de ces besoins-là.

Évidemment, je ne parle pas seulement de mon « serape », car je suis sûr qu'au fin fond d'un placard, vous avez tous quelque chose qui vous tient lieu de « serape ». Vous voyez ce que je veux dire : une porcelaine de Hong Kong représentant un garde national canadien, un bracelet en coquillages garanti fait main aux îles Fidji, une bague aztèque authentique, un hippocampe verni, une pièce de monnaie de l'Empire espagnol trouvée sur la plage de Boca Raton ou le véritable ceinturon de Buffalo Bill.

Pour moi, toutes ces choses sont des « serapes » et on les retrouve chez presque tout le monde. Repensez-y. Est-ce que c'est l'objet en lui-même ou la façon dont on vous l'a vendu qui a répondu à vos besoins ?

Au fond, mon message est très simple. Vous pouvez obtenir tout ce que vous voulez, à condition de vous rappeler que chaque personne est unique et que les besoins ne sont pas nécessairement contradictoires. De plus, n'oubliez pas que votre comportement peut en lui-même déjà satisfaire la plupart des besoins. Vous devez vous fixer pour but d'arriver à une satisfaction partagée, et vous l'atteindrez d'autant plus facilement que vous mènerez des négociations tous bénéfices en collaboration avec vos partenaires.

Partie IV

LA NÉGOCIATION TOUS AZIMUTS

10.

NÉGOCIATIONS PAR TÉLÉPHONE ET COMPTES RENDUS D'ACCORDS

Il est libre celui qui sait garder dans ses mains le pouvoir de décider.

Salvador DE MADARIAGA

Le téléphone est un moyen de communication essentiel dans la vie d'aujourd'hui. Chaque jour, on se sert probablement plus souvent du téléphone que d'un couteau, d'une fourchette ou d'une cuillère. Un téléphone a des formes attrayantes, il est lisse au toucher et facile à saisir. Il paraît bien inoffensif, mais l'est-il vraiment ? Non. Il peut être la cause de sérieux malentendus (« Je ne pensais pas que c'était *ça* que vous vouliez dire »), ou être utilisé comme support au mensonge (« Je viens de mettre votre chèque au courrier »). De plus, c'est un puissant levier économique : des millions de dollars sont gagnés ou perdus selon qu'on a bien ou mal compris le sens de la conversation.

D'abord, le téléphone s'impose à vous. Quand sa sonnerie retentit avec insistance, on a toujours le réflexe de se demander : « Qui est-ce qui m'appelle ? » On a même vu des candidats au suicide être sauvés in extremis par le besoin impératif de décrocher.

Et pourtant, en dépit de ses virtualités, peu de gens prennent le temps de réfléchir au rôle irremplaçable que joue le téléphone dans la négociation. Analysons donc le vaste domaine de ses applications.

Les Caractéristiques de la Négociation Téléphonique

1. Beaucoup plus de malentendus

Il est plus facile de mal se comprendre au téléphone qu'en tête à tête. Au téléphone, on ne peut pas observer les mimiques et les attitudes de son interlocuteur. Il arrive souvent que l'on interprète de travers ses intonations de voix, que l'on décèle des insinuations là où il n'y en a pas et vice versa.

2. Il est plus facile de dire NON

Au téléphone, on peut dire « Non » sans effort ni complication. Supposons que je vous appelle et vous dise poliment : « Si cela ne vous dérange pas, j'aimerais que vous fassiez telle et telle chose... »

Vous répliquez immédiatement : « Je ne peux vraiment pas; je suis terriblement occupé pour le moment. Merci de bien vouloir me rappeler plus tard. » Clic. Comme nous ne sommes pas face à face, vous vous débarrassez de moi sans problème.

Mais si je vous vois en personne, vous ne pouvez pas vous défiler aussi facilement. J'entre dans votre bureau en haletant : « Pour arriver jusqu'ici, quelle histoire! »

Planté devant vous, soupirant abondamment, la larme à l'œil, j'implore votre attention. Dans ces conditions, il est peu probable que vous me repoussiez.

Vous sentant vaguement coupable de m'avoir infligé un si long déplacement, vous vous inquiéterez peut-être de mon état physique et mental. Et, bien naturellement, vous serez tout disposé à écouter mon affaire, voire à la résoudre sur-le-champ.

À chaque fois qu'une idée, une proposition ou une requête

nécessite un changement dans les habitudes, il faut que cela soit expliqué oralement et en personne. Les documents, lettres et coups de téléphone peuvent suivre ou précéder un tel entretien, mais ils ne suffisent pas pour convaincre.

La conclusion est simple : Si vous voulez vraiment obtenir quelque chose, allez présenter votre demande en personne.

3. Plus expéditif

Les communications téléphoniques sont toujours plus brèves que les entretiens face à face; c'est évident parce que ces derniers doivent justifier le temps de déplacement et les frais qu'on y a investi.

Imaginez que votre enfant ait un problème scolaire quelconque. Si vous appelez son professeur, la conversation durera cinq à dix minutes. Mais si vous prenez sur votre emploi du temps pour aller le voir, la discussion peut demander de trente minutes à une heure.

4. Plus compétitif

Bien souvent, du fait de la relative brièveté des contacts téléphoniques, on n'a pas assez de temps pour échanger en détail informations et impressions, ou pour analyser soigneusement les intérêts en présence. Ceci, combiné au caractère formel des conversations téléphoniques, crée une atmosphère propice à l'éclosion de comportements « gagnant contre perdant ».

Au téléphone, les gens ont tendance à être plus impersonnels et à ne pas s'écarter du sujet. La conversation manque de spontanéité et tourne essentiellement autour des points de procédure. Il en résulte que c'est à celui qui est déjà en position de force que revient l'avantage. Donc, si vous êtes en situation dominante, vous avez intérêt à régler votre différend par téléphone. Insister pour discuter de cette façon fait partie de votre stratégie pour gagner à mes dépens.

Quant à moi, il n'est pas étonnant que, dans de telles conditions, je préfère un entretien entre « quatre-z-yeux ».

Ainsi, vous verrez en moi, non quelque exception statistique à une règle générale, mais un être humain en chair et en os. Quand des négociateurs se rencontrent et se livrent aux échanges rituels de salutations, courbettes et sourires, cela contribue à atténuer les antagonismes. La discussion est plus libre, on est moins pressé par le temps et on a plus de chances d'aboutir à un résultat mutuellement bénéfique.

Avant d'aller plus loin, je voudrais décrire rapidement un exemple de négociation difficile et particulièrement frustrante. Comme chacun sait, la compagnie des téléphones peut être un adversaire redoutable.

Au reçu de votre note, vous appelez l'agence commerciale au sujet d'une facturation étonnante de 120 francs pour un appel soi-disant émis de votre poste vers Kuala Lumpur, en Malaisie. En tant qu'orphelin, vivant seul et sans amis, célibataire et nul en géographie depuis toujours, vous plaidez non coupable.

Mais tandis que vous essayez d'expliquer cette injustice, vous vous heurtez à un bloc immobile dont le ton et l'assurance vous rappellent le général Mac Arthur, travesti en femme. Après des dizaines de coups de fil à une aussi charmante personne, même les innocents ont envie de baisser les bras. Nous verrons en détail dans ce chapitre pourquoi ce genre de négociations échoue souvent. En l'occurrence, tout se passe comme si vous jouiez au poker avec un dénommé Chanceux qui aurait inventé le jeu et utiliserait ses propres cartes.

5. *Plus risqué*

Comme nous l'avons vu, une négociation par téléphone est plus rapide; elle est aussi plus efficace qu'une rencontre personnelle. Il s'ensuit qu'elle produit en général un gagnant et un perdant.

Souvenez-vous d'un axiome implicitement lié à cette observation : Dans n'importe quelle négociation, la précipitation est presque toujours synonyme de risque.

Qu'un litige soit réglé par téléphone ou face à face, une

hâte injustifiée met, de toute façon, l'une des parties en danger potentiel.

Qui prend des risques dans ce cas? C'est celui qui est le moins bien préparé et ne sait pas quelle est la solution équitable. Admettons que, d'après mes informations et observations, je ne puisse pas déterminer si votre proposition est honnête ou non. À défaut, je dois donc m'en remettre complètement à votre présentation des choses; si vous êtes quelqu'un de sincère, correct et direct, je serai récompensé de vous avoir fait confiance. Mais que se passe-t-il si tout votre étalage de bienséance et de franc-parler n'est qu'apparent? Si sous vos paroles lénifiantes se cache un « escroc soviétique »? Alors, je me ferai avoir et serai humilié.

Donc, si vous êtes moins bien préparé que votre interlocuteur, si vous ne pouvez vérifier le bien-fondé de ses déclarations et si vous ne le connaissez ni d'Ève ni d'Adam, mieux vaut, en général, rester dans l'expectative. Sauter dans une flaque de boue ne la rend que plus boueuse. Mais, si vous attendez un peu, vous pourrez en voir le fond et savoir où vous allez mettre les pieds. Le plus souvent, le succès revient au négociateur qui a su tenir bon et se montrer le plus patient.

Par conséquent, s'il s'agit d'une négociation en un seul acte et si vous ne savez vraiment pas ce qui est équitable, faites traîner en longueur. La meilleure chose à faire quand on ne sait pas quoi faire, c'est de ne rien faire du tout. C'est d'ailleurs le simple bon sens d'agir quand c'est à votre avantage, et d'éviter de bouger quand l'action serait au seul bénéfice de votre adversaire. Souvenez-vous qu'une supériorité n'est jamais définitive; le temps qui passe peut venir augmenter le poids de vos arguments.

Parfois, un négociateur voudra presser le mouvement en vue d'une prompte conclusion. Supposons que je sois mieux préparé que vous ou que, du moins, je sois sûr, d'après mes informations, que l'arrangement proposé est conforme à mes intérêts. Je n'ai donc pas besoin de m'en remettre à votre version des faits ni même à votre honnêteté. Bien évidemment, en pareil cas, aller vite ne me fera courir aucun risque superflu.

6. *L'avantage à celui qui appelle*

On peut appeler quelqu'un pour des tas de raisons, ou parfois même sans aucune raison. Au demeurant, beaucoup de gens avisés reconnaissent que l'on peut utiliser le téléphone comme une arme potentiellement défensive ou offensive dans l'arsenal de la négociation. Il en résulte qu'un négociateur efficace ne « prend pas les choses comme elles viennent » mais anticipe les effets de son action ou de son inaction.

Dans toute conversation téléphonique, celui qui appelle prend l'avantage sur celui qui reçoit un coup de fil auquel il ne s'attend pas.

Tout d'abord, imaginons que nous sommes engagés depuis un bon moment dans une négociation plutôt laborieuse. En ce qui vous concerne, l'affaire est quasiment aux oubliettes. Tout à coup, je vous prends par surprise au téléphone pour vous proposer une solution à notre litige. Est-ce un acte impulsif de ma part ou un geste prémédité ?

Il y a de fortes chances pour que cet appel ne relève pas du simple coup de tête. Avant de me lancer, j'ai comparé tous les moyens à ma disposition : Tête-à-tête, courrier, télégramme, recours à un intermédiaire, téléphone ou inaction. Si j'ai choisi, à ce moment précis, de téléphoner, c'est vraisemblablement parce que j'y ai vu la meilleure façon d'atteindre mon objectif. Bien entendu, je m'y suis minutieusement préparé. Je suis dans un endroit tranquille où l'on ne viendra pas me déranger; devant moi, douze crayons bien taillés et six blocs de papier; à ma droite, une calculatrice; derrière moi, un ordinateur permettant un accès direct à toutes les données. J'ai en tête un objectif, une stratégie et une tactique. De plus, j'ai prévu toutes vos objections et me tiens prêt à y répondre, preuves à l'appui. Au fond, je suis tout excité à l'idée de vous appeler.

Maintenant, voyons ce qu'il en est de votre côté. Pris au dépourvu par cet appel inattendu, le moins qu'on puisse dire c'est que vous manquez de préparation. Vous devez chambouler les montagnes de paperasses qui encombrent votre bureau pour atteindre le récepteur. Vous n'avez pas sous la main les documents de référence dont vous avez besoin. Et, tandis que nous parlons, vous êtes constamment dérangés par des gens qui viennent vous poser des questions et des lumières qui clignotent sur votre poste. Pour compliquer encore davantage les choses, vous ne pouvez pas joindre la secrétaire, ni trouver le dossier, ni même un quelconque instrument pour écrire.

Dans ces conditions, poursuivre la conversation est à vos risques et périls. Parce que je suis beaucoup mieux préparé, vous vous inclinerez sûrement devant mes arguments et mes calculs. Si je suis d'une nature altruiste et bienveillante, je vous traiterai avec équité et générosité. Mais, si je suis un « Soviétique », vous y laisserez votre chemise.

En dépit de tous ces problèmes et inconvénients, on est toujours impliqué dans des négociations par téléphone. Et je ne fais pas seulement allusion à vos conversations professionnelles. Ceux qui ont déjà essayé par téléphone d'organiser un pique-nique, d'entretenir des contacts suivis avec leurs parents et amis, de répondre aux démarcheurs ou de mettre au point une cérémonie de mariage, ceux-là savent bien de quoi je parle. En fait, les préparatifs d'une noce sont à peu près aussi simples que ceux du Débarquement!

On négocie au téléphone avec une grande variété d'interlocuteurs, depuis des personnes qui nous sont complètement étrangères jusqu'à celles que nous aimons le plus. Même si la négociation proprement dite ne se fait pas par téléphone (quoique cela arrive de temps en temps), la phase de préparation utilise ce moyen en priorité. En d'autres termes, vous faites vos manœuvres d'approche par téléphone, que vous boucliez ensuite l'affaire au bout du fil ou par un tête-à-tête. Puisqu'on use si intensément du téléphone, autant faire en sorte que cet instrument électronique travaille pour soi, et non contre soi.

Je vais donc vous suggérer quelques bonnes habitudes pour améliorer, sans effort, le rendement de vos conversations téléphoniques :

A. *Appelez; n'attendez pas qu'on vous appelle*

Dès que vous êtes potentiellement en situation de conflit, essayez de garder l'initiative de l'appel. Si on vous téléphone et que vous ne vous sentez pas prêt à discuter, dites quelque chose du genre : « Désolé, mais j'ai un rendez-vous important et suis déjà en retard. À quel moment est-ce que je peux vous joindre ? »

Ainsi, vous n'êtes plus dans la situation de celui qu'on appelle. Et, une fois bien préparé, vous rappelez et c'est vous qui prenez les devants.

B. *Soyez prévoyant et organisé*

Avant d'agir, gardez bien à l'esprit le résultat que vous voulez obtenir et assurez-vous que l'appel téléphonique est effectivement le meilleur moyen pour y arriver. Déterminez si vous attendez une réponse positive ou négative. On a vu tout à l'heure qu'il est plus facile d'avoir un « non » qu'un « oui » par téléphone.

Quelqu'un a dit : « Si vous ratez votre organisation, vous organisez votre ratage. » Repensez toujours au but précis que vous souhaitez atteindre par ce coup de fil. Comme dit le Coran : « Il n'est pas de bonne route pour celui qui ne sait où il va. » Évidemment, si vous ne savez vraiment pas où vous allez, vous ne risquez pas de vous perdre; et même quand vous y serez, vous ne saurez pas que vous y êtes!

Il s'agit donc, pour vous qui êtes sur le point d'appeler, de prévoir et d'organiser la conversation afin qu'elle tourne à votre avantage. Voici quelques tuyaux qui pourront vous aider :

1. Faites une liste exhaustive des points à évoquer.
2. Esquissez dans votre esprit le déroulement de l'entretien.
3. Dans un débat conflictuel, essayez de deviner la tactique que choisira l'adversaire. On sait bien qu'un homme averti en vaut deux.

4. Dans la mesure du possible, ayez sous la main tous les éléments d'information essentiels avant de composer le numéro.
5. Malgré votre préparation, vous pouvez être pris de court par des diversions ou des questions au pied levé. Il n'y a alors aucune honte à reconnaître que vous ne savez pas tout.
6. Concentrez-vous et évitez d'être distrait. Donnez à ce coup de téléphone toute votre attention et ne jouez pas les acrobates (comme celui qui, tout en parlant ou en écoutant, s'occupe à d'autres activités : vaque aux soins du ménage ou discute avec un tiers).
7. S'il doit être question de chiffres, gardez à portée de la main les éléments de référence ainsi qu'une petite calculatrice.
8. À la fin de la conversation, résumez ce qui a été convenu et précisez les responsabilités de chacun dans la suite des opérations.

C. Une bonne excuse

Ayez toujours une excuse toute prête pour abréger la communication au cas où elle prend un tour qui ne vous plaît pas. Et, si un virtuose du téléphone ou un « Soviétique » ne vous laisse pas battre élégamment en retraite, vous pouvez alors envisager de raccrocher. Mais, attention, je ne vous recommanderai jamais de raccrocher au nez de quelqu'un : Ce serait discourtois et très mal vu. Raccrochez plutôt pendant que vous êtes en train de parler.

Comment faire pour être crédible ? Très simple : Dites quelque chose comme : « Eh ! je suis vraiment content de vous entendre ; hier encore, j'étais justement en train de pen. » Clic.

La personne en question ne supposera jamais que c'est vous qui avez coupé. Il pensera que c'est encore un raté du téléphone !

Comment cela se terminera-t-il ? L'autre vous rappellera, mais, comme par hasard, vous viendrez juste de vous absenter si vous êtes au bureau, ou bien vous n'entendrez pas la sonnerie si vous êtes chez vous (« J'ai dû aller chercher quelque chose au garage »). Cela vous laisse le temps de vous préparer pour ne plus être à la merci d'un appel inopiné.

D. Apprenez à écouter

Écouter efficacement, c'est entendre simplement autre chose que les propos qu'on vous adresse. Cela exige que vous trouviez le véritable sens de ce qu'on vous dit. Après tout, ce qui compte, c'est moins les mots que la signification qu'on leur prête.

Évidemment, vous ne pouvez pas écouter intelligemment si vous êtes en train de parler. Donc, soyez attentif à votre rapport « écoute/parole ». Pensez à marquer des pauses lourdes de sens. C'est un instant magique quand vous vous arrêtez de parler. Dès qu'il y a un silence prolongé sur la ligne – surtout pendant les communications à longue distance – votre interlocuteur ne peut plus s'empêcher de parler, soit parce qu'il est mal à l'aise, soit parce qu'il veut rentabiliser son appel. À coup sûr, il reformulera ses questions d'une manière qui vous donnera des informations utiles.

E. Rédigez le compte rendu

« L'horreur de ce moment, continua le Roi, je ne l'oublierai jamais.
Vous l'oublierez, dit la Reine, si vous n'en gardez pas la trace écrite. »

Lewis CARROLL

À priori, je ne suis pas un fanatique des correspondances, des comptes rendus et autres notes. Tout bien considéré, la manie des paperasses s'est tellement développée qu'elle finit par paralyser le fonctionnement des entreprises. À mon avis, la plupart des documents écrits sont soit superflus, soit incompréhensibles. De plus, mettre tout par écrit demande énormément de temps et beaucoup d'entre nous ont du mal à rédiger convenablement.

Pour souligner ce que l'écriture a d'ardu et de lassant, l'auteur Stephen Leacock disait : « Écrire n'est pas difficile. Prenez un papier et un crayon, asseyez-vous et écrivez ce qui vous vient à l'esprit. L'écriture est facile, c'est l'inspiration qui est dure à venir. »

En règle générale, mieux vaut éviter les courriers quand c'est possible. Mais bien sûr, il y a des moments où l'on ne peut pas faire autrement. En pareil cas, il est sage de se souvenir que, quoique vous couchiez sur le papier, cela doit être écrit avec autant de soin que si ça devait être lu devant un tribunal.

En disant « règle générale », je laissais sous-entendre qu'il peut y avoir des exceptions. C'est, en effet, le cas pour tous les protocoles d'accord, documents rédigés après la solution d'un litige et qui énoncent les engagements pris de part et d'autre.

Après avoir conclu par téléphone une affaire *importante,* consignez précisément par écrit les différents points de l'accord, et dites à votre interlocuteur que vous vous chargez de faire le compte rendu. Il vous serait d'ailleurs très utile d'en faire de même pour les négociations face à face.

L'expérience a montré les limites d'un « gentleman's agreement ». Comme disait, paraît-il, Sam Goldwy : « Un accord verbal ne vaut pas le papier sur lequel on l'écrit. »

Un protocole s'appelle parfois lettre de confirmation ou compte rendu d'accord. Quel que soit le terme employé, le but de ces documents reste identique : préciser les engagements respectifs des parties intéressées. Ils sont souvent rédigés dans un style désuet, emphatique et pompeux, comme si le rédacteur utilisait encore une plume d'oie et portait des bottines et un col dur. Voici quelques exemples de ce qu'on peut lire :

« Conformément aux termes de notre conversation du tant, nous nous sommes mis d'accord sur ce qui suit... »

« Suivant notre entretien téléphoné, nous avons conclu que... »

« Relativement à la question de savoir si... »

« Me référant à notre échange par téléphone du... »

En fait, la forme importe peu. Ce qui compte, c'est que ce soit vous qui écriviez. Pourquoi assumer une telle corvée ? Parce que les bénéfices de celui qui rédige sont considérables. Quels sont-ils ?

1. Vous gardez l'initiative : C'est vous qui choisissez le moment où le compte rendu sera prêt, la forme qu'il prendra et la date de sa diffusion. Rien ne pourra se faire sans vous.
2. L'accord sera exprimé avec des mots à vous. Si un problème d'interprétation vient à se poser, ce sera à vous de trancher. Dans ces cas-là, on remonte toujours à la source. Par exemple, si l'on découvrait, au fond d'un tiroir, une lettre du président Madison sur les transports scolaires ou l'avortement, on pourrait rapidement résoudre ces questions épineuses; après tout, qui sait, mieux que son auteur, comment la Constitution doit être lue ?

Repassons du schéma d'une discussion par téléphone à celui d'une rencontre en tête à tête. Je suis votre adversaire, assis en face de vous de l'autre côté d'une table de conférence rectangulaire. Les réunions se succèdent jour après jour, la négociation piétine.

Est-ce que je prends des notes ? Non, comme beaucoup de grands patrons, je pense, à tort d'ailleurs, avoir un esprit « photographique » qui enregistre tout. Et vous, vous prenez des notes ? Plutôt deux fois qu'une! Pourquoi ? Parce que, ce faisant, vous pouvez vous assurer un moyen de pression sur moi.

Après le troisième jour, pendant une suspension de séance, je vous demande d'un ton agacé : « Pourquoi prenez-vous tant de notes ? Vous n'êtes pas journaliste, tout de même! Nous avons déjà étudié ces points sous toutes les coutures. »

Vous souriez, haussez les épaules et marmonnez quelque chose sur votre incapacité à vous rappeler quoi que ce soit qui n'est pas écrit.

Le cinquième jour, mon esprit n'est plus aussi photographique que je le pensais. Je profite d'une autre interruption pour vous demander : « Dites-moi, qu'avons-nous convenu au sujet de ces trois avenants au contrat ? Ce n'est plus très clair pour moi, surtout depuis que nous en avons ajouté deux autres mardi dernier. J'ai peur de tout mélanger. »

Vous compulsez vos notes tandis que je tape du pied avec une certaine impatience. « Voilà... les trois nouveaux avenants ont été adoptés mercredi à quatorze heures. »

J'étudie vos gribouillis, mais vos hiéroglyphes me laissent plutôt perplexe : « Je n'arrive pas à déchiffrer votre écriture. »

À la vitesse d'un pilote de chasse interceptant un missile, vous répliquez : « Les avenants portaient sur ceci, ceci et cela. »

Je fais une grimace : « Je ne vois sur cette page que deux points, un astérisque et une étoile ! »

Vous me décochez votre plus beau sourire d'enfant de chœur pour me lancer : « C'est bien ce que ces signes veulent dire ! »

Je vous regarde alors horrifié. Vous avez acquis un pouvoir considérable. Qui peut mieux interpréter des pattes de mouche que la mouche qui les a tracées ?

3. Si vous savez, dès le départ, que c'est vous qui devrez faire le procès-verbal de l'accord, vous écoutez plus efficacement et prenez mieux vos notes; vous serez ainsi naturellement plus attentif et ferez preuve d'une plus grande auto-discipline.
4. Votre version servira de point de référence pour toute révision ultérieure. Elle précisera les définitions et le cadre de la discussion.

Voici un exemple. Disons que vous et moi venons de conclure une affaire par téléphone. Vous acceptez de me laisser en écrire le compte rendu, sans voir les conséquences d'une telle attitude. J'écris la note et vous en envoie la copie.

Deux jours plus tard, vous m'appelez : « Eh ! Dites donc, j'ai reçu votre courrier; vous avez oublié le point A. »

« Le point A ? » dis-je en toute innocence.

« Ouais, vous vous souvenez du point A ? »

Je prends l'air vaguement étonné : « Ah oui... Le point A, il me semble que vous y avez fait allusion. »

Vous insistez : « Bon, alors pourquoi l'avoir passé sous silence ? »

Je réplique : « Je ne pensais pas que c'était important; après tout, vous l'avez à peine évoqué. »

Vous vous éclaircissez la voix : « Je l'ai à peine évoqué parce que vous aviez l'air d'accord. »

Je marque une pause, comme si vous vouliez m'imposer quelque chose d'excessif. Puis, je dis : « Vous tenez vraiment à ce qu'on le rajoute ? »

Vous répondez : « Oui, absolument. »

Nouveau silence de mon côté. « Écoutez, pourquoi ne conviendrions-nous pas, juste entre nous, que ce point est inclus dans l'accord, même s'il n'y figure pas expressément ? »

Vous commencez à vous fâcher : « Non, je veux que ce soit écrit. »

Pourquoi est-ce que je ne cède pas tout de suite ? Pourquoi ce point A a-t-il été escamoté ? Parce que quand on écrit, on sélectionne toujours les idées, sans quoi le texte de l'accord serait aussi long que *Guerre et Paix*. Or, si c'est moi qui rédige le texte, cette sélection se fera à votre détriment car les points qui me semblent importants seront bel et bien mentionnés. En plus, je ne lis pas forcément dans vos pensées. Rappelez-vous, vous aviez à peine abordé ce point pendant la discussion.

Je finirai par vous donner satisfaction sur ce point A. Mais notez, s'il vous plaît, que je viens de vous faire une concession et, qu'à ce titre, j'attends quelque chose en retour. Par ailleurs, après un débat difficile sur A, vous hésiterez peut-être à réclamer au sujet du point B que j'ai également laissé de côté. Vous pensez maintenant : « Bon sang, je ne vais pas recommencer tout ce cirque. » Ainsi, la position du rédacteur l'emporte une fois de plus.

5. Du fait que vous avez assumé le travail de rédaction, vos partenaires vous en sont reconnaissants. Ils n'auront donc pas tendance à ergoter sur les détails. Et, même si votre texte comporte quelques imperfections mineures, la plupart des gens se montreront magnanimes et ne commenceront pas à couper les cheveux en quatre.

En conclusion, je voudrais résumer ce chapitre par un bon mot d'Ellen Eisenstadt. Alors que son patron lui donnait une petite tape amicale sur l'épaule en lui faisant miroiter de vagues promesses pour l'avenir, elle remarqua : « Ce qui est écrit a plus de valeur que caresses et promesses. »

11.

MONTER D'UN CRAN

Pourquoi interroger le singe,
Quand on peut interroger le joueur d'orgue de Barbarie ?
Aneurin BEVAN

Est-ce que la roue qui grince arrive à se faire donner de l'huile ? Oui, si elle sait où et comment se faire entendre.

Imaginons que vous avez une plainte à formuler contre un grande administration très impersonnelle. Voici ce que je vous recommande :

1. Téléphonez au bureau le plus proche. Notez le nom exact et la fonction de la personne à qui vous parlez. Expliquez votre affaire avec des mots de tous les jours, de sorte qu'on puisse s'identifier à vous. Enfin, obtenez du préposé un engagement verbal et un délai pour la solution escomptée.
2. Faites suivre ce coup de fil d'une lettre aimable pour que votre interlocuteur n'oublie pas que vous comptez sur lui.
3. Juste avant l'expiration du délai annoncé, appelez votre « ami » pour faire le point sur ses interventions personnelles. Si cela ne suffit pas à faire bouger les choses...
4. Présentez-vous en personne, toujours à ce même service. Soyez patient et courtois. Voyez votre « ami », mais assurez-vous que ses collègues sont également conscients

de l'injustice qu'on continue à vous faire subir. Sollicitez aussi leur aide afin qu'ils se sentent obligés d'intervenir pour trouver une solution équitable.

Que faire si ces démarches ne donnent toujours pas un résultat satisfaisant ? *Montez d'un cran.* Toute organisation est fondée sur une structure hiérarchique. Remontez opiniâtrement l'échelle jusqu'à ce que vous ayez gain de cause. Plus vous irez haut, plus vous aurez de chances de voir votre problème résolu.

Pourquoi ? Il y a plusieurs raisons. D'abord, les gens haut placés comprennent que les règles générales ne s'appliquent pas nécessairement à toutes les situations particulières. Ensuite, ils replacent les choses dans un ensemble et sont conscients que des décisions inadaptées peuvent entraîner des catastrophes en cascade. Et, plus significatif encore, ils disposent d'une plus grande autorité et sont payés pour prendre des risques et trancher les questions difficiles.

Si vous n'aimez pas perdre votre temps, évitez de négocier avec une personne dépourvue de toute autorité. Et, si vous envisagez d'entrer en contact avec quelqu'un, commencez par vous demander : « Qui est ce type ? Que peut-on attendre de lui ? Où est-il placé dans l'organigramme ? A-t-il vraiment de l'influence ? »

Une fois persuadé qu'il est bien un interlocuteur valable, demandez-lui poliment mais fermement : « Pouvez-vous remédier à cette situation ? », ou bien « Êtes-vous en mesure de m'aider à résoudre ce problème ? », ou encore « Êtes-vous en position de prendre dès maintenant la décision qui convient ? » Si la réponse est négative, adressez-vous à quelqu'un d'autre.

L'autorité totale, ça n'existe pas; inutile donc de la rechercher. Tout ce que vous pouvez attendre de quelqu'un, que ses pouvoirs soient étendus ou restreints – et spécialement dans une administration – c'est que s'il vous fait une promesse, il fera tout son possible pour la tenir. Il mettra même un point d'honneur à prendre des risques pour honorer ses engagements envers vous.

Quand Menahem Begin, le Premier ministre israélien, accepta finalement de s'engager dans le processus de paix au Moyen-Orient, il dit en substance au président Carter : « Je n'ai pas le pouvoir de prendre un engagement ferme au nom de mon pays, mais je tiens à vous assurer que si le Parlement israélien ne ratifie pas cet accord, je démissionnerai. » On ne peut guère en demander davantage.

Je voudrais vous citer quelques exemples où la roue grinçante obtient de l'huile, parce qu'elle tourne vers des niveaux d'autorité toujours plus élevés. Dans chaque cas, c'est vous qui tenez le rôle de la roue.

À cause d'un orage, votre avion a pris du retard et vous n'arrivez à votre hôtel qu'un peu avant minuit. Vous êtes trempé des pieds à la tête, souffrez de maux d'estomac et tombez de sommeil. Vous n'avez plus qu'une idée : vous affaler sur le lit qui vous attend dans la chambre que vous avez réservée. Dieu merci, vous avez cette réservation!

L'employé de la réception vous jette un regard vague et marmonne d'un ton plat et glacial : « Oui, votre réservation était bien confirmée, mais nous n'avons plus de chambre. Nous avons commis une petite erreur. Cela arrive de temps en temps. »

Que devriez-vous faire ? Avant tout, poser votre valise et vous souvenir qu'à cet instant, l'employé de la réception n'est qu'une machine qui réagit mais ne pense pas. Son comportement est celui d'un robot programmé ou d'un ordinateur qui vous restitue les informations que lui ont fournies ses supérieurs. Ils lui ont dit qu'il n'y avait plus de chambre disponible; et, comme un perroquet, il vous transmet cette réponse. Puisqu'il ne réfléchit pas aux solutions de remplacement que pourrait proposer l'hôtel, c'est à vous de l'aider à régler le problème.

Vous passez mentalement en revue les différentes solutions possibles. Il reste peut-être une suite libre; on pourrait installer un lit dans une salle de réunion; ou vous laisser utiliser le salon d'une suite; peut-être même y a-t-il une chambre si vous comptez partir tôt le lendemain matin.

Pour commencer, vous dites : « Bon, vous n'auriez pas une suite ? Même celle du Gouverneur est prise ? Je sais que vous avez des salles de conférences; on les voit dans tous vos dépliants publicitaires. Pourriez-vous mettre un lit dans une de ces pièces ? »

Le réceptionniste est horrifié : « Oh non, on ne peut pas faire une chose pareille. Vous ne voulez pas que j'essaye de vous caser dans un autre hôtel ? »

Vous répliquez : « Je ne veux pas être casé dans un autre hôtel. Je suis fatigué; j'ai besoin de me mettre au lit, ici et maintenant. Allez chercher votre directeur, s'il vous plaît. » (Vous savez que le directeur n'est pas à son bureau à cette heure tardive, mais vous voulez montrer à l'employé à quel point vous êtes décidé.)

Il fait une grimace, décroche un téléphone intérieur et murmure quelque chose dans le récepteur. Quelques secondes plus tard, le responsable de nuit arrive, comme vous l'aviez prévu. Vous réitérez votre demande pour les suites, les salles de réunion et toutes les autres solutions possibles et imaginables.

Le responsable de nuit consulte le plan des chambres, fronce les sourcils puis relève la tête : « Nous avons bien une suite disponible, mais elle est en travaux. En plus, elle coûte le double d'une chambre à un lit. »

Vous déclarez calmement mais sur un ton sans réplique : « Je ne paierai pas un franc de plus, puisque j'avais confirmé ma réservation. »

Le responsable de nuit soupire : « Bon... Vous la prenez ou non ? »

Vous répondez : « Oui, oui je la prends et nous discuterons du prix demain. »

Le lendemain matin, quand vous vous présentez à la réception, on vous donne votre note. Bien sûr, c'est le double du prix initialement prévu. Alors, vous demandez à voir le directeur. Avez-vous confiance en vous ? Oui, vous savez que vous êtes maître du jeu car le service a déjà été rendu. (Un service rendu n'a jamais la même valeur qu'un service à rendre.) Vous faites part au directeur de votre surprise de voir que son hôtel n'honore pas ses engagements en matière de réservation. Après avoir écouté ses explications, vous commencez à discuter le montant absolument exorbitant de la note.

Dans 95 % des cas, le directeur s'excusera pour l'erreur de facturation et vous fera payer le prix d'une chambre à un lit pour la suite que vous avez occupée. Il sait bien que, au départ, il y a eu négligence de la part de l'hôtel et que dans ce cas, il a tout intérêt à se montrer correct.

Permettez-moi de vous raconter un exemple personnel assez semblable. Il y a deux ans, j'avais confirmé ma réservation dans un hôtel de Manhattan. Le chauffeur de taxi qui m'y emmenait, tard dans la soirée, me dit : « Je vais m'arrêter au coin car la rue est bloquée; on dirait qu'il y a un barrage de police. »

Je grogne : « Allons bon » en sortant du taxi et en réglant le prix de la course. Traînant tous mes bagages, j'essayai de me frayer un chemin entre la meute des policiers, des photographes, des badauds, des cameramen de la télé et des journalistes.

« Mais que se passe-t-il ? » demandai-je au portier, après avoir eu du mal à pénétrer jusque dans le hall de l'hôtel.

Il montra le ciel du doigt. « Il y a un type au onzième étage qui est sur le point de se jeter par la fenêtre, voilà ce qui se passe. »

« Mon Dieu, quelle horreur », dis-je, bouleversé à l'idée d'un corps humain s'écrasant sur le trottoir. Puis, je m'avançai vers la réception en disant : « Je m'appelle Cohen, Herbert A. Cohen, j'ai confirmé ma réservation. »

Le réceptionniste murmura : « Oui, monsieur Cohen... Mais nous n'avons plus de chambre. »

Je fis une grimace : « Comment ça, vous n'avez plus de chambre ? »

« Désolé, dit l'employé, mais nous sommes complets. Vous savez ce que c'est. »

« Non, je ne sais pas ce que c'est, rétorquai-je, mais je suis sûr qu'il vous reste une chambre quelque part. »

« Je vais interroger d'autres hôtels dans le quartier », suggéra-t-il en se saisissant du téléphone.

« Attendez un peu, dis-je, bien sûr que vous avez une chambre! Vous savez, le type du onzième ? Celui qui provoque tout ce remue-ménage ? Eh bien, il est en train de libérer la place! »

Le dénouement ? Le désespéré renonça à sauter, mais la police l'expédia à l'hôpital psychiatrique. Et moi, je pus m'installer dans sa chambre.

Je voudrais maintenant vous livrer une autre anecdote

personnelle. Au cours de l'hiver 1978, je me rendis à Mexico, pour diriger un séminaire sur la négociation destiné à des hommes d'affaires du coin. J'avais retenu une chambre dans un magnifique hôtel, malheureusement on ne me l'avait pas gardée. Le réceptionniste m'annonça que toutes les chambres étaient occupées, car des clients avaient dû prolonger leur séjour, une tempête de neige ayant perturbé le trafic aérien en direction des États-Unis.

N'ayant rien pu obtenir de l'employé – notamment à cause de la barrière de la langue – je demandai à voir le directeur. J'allumai un gros cigare, m'accoudai au comptoir et dis au directeur : « Que se passerait-il si le Président du Mexique arrivait maintenant? Vous auriez une chambre pour lui ? »

« *Si señor...* »

J'exhalai un rond de fumée vers le plafond : « Bien, comme il ne viendra pas, vous allez pouvoir me donner sa chambre. »

Est-ce que j'ai eu la chambre? Et comment! Mais, j'ai dû promettre que si le Président arrivait, je libérerais la chambre immédiatement.

Et maintenant, voici un deuxième exemple où monter d'un cran peut vous servir aussi. Vous allez avec votre fille acheter une robe du soir pour le bal de sa promotion. Elle finit par en trouver une qui lui plaît follement. Vous l'achetez, rentrez à la maison; mais peu après, votre fille descend de sa chambre, très mal fichue. Avec des larmes dans la voix, elle appelle son copain pour lui dire qu'elle doit se décommander.

« Qu'est-ce que tu vas faire avec ta robe? » demandez-vous, faisant ainsi preuve d'un manque d'à-propos affligeant.

« Rapporte-la, je t'en supplie », dit-elle en sanglotant dans son oreiller. « Je ne veux plus jamais la voir, je la déteste. »

Vous rapportez donc la fameuse robe du soir au magasin.

« Je suis tout à fait désolée, murmure la vendeuse, mais nous ne reprenons jamais les articles vendus. »

Vous protestez : « Mais enfin, ma fille n'a même pas porté cette robe; l'étiquette est encore dessus! »

Vous jetez un coup d'œil à une pancarte murale qui stipule : « Les articles ne sont ni repris ni échangés » (le pouvoir par la légitimité).

« Je voudrais parler à la propriétaire du magasin », dites-vous.

« Elle est partie déjeuner et ne reviendra pas avant trois quarts d'heure. »

Vous marmonnez : « J'attendrai » en vous asseyant sur le siège le plus proche. (Si vous ne pouvez obtenir satisfaction de quelqu'un, passez-lui au-dessus de la tête et adressez-vous à l'échelon supérieur.)

Quarante-cinq minutes plus tard, la propriétaire revient. Vous la suivez dans son bureau et lui expliquez votre affaire : votre fille est malade et la robe n'a jamais été portée.

« Comment puis-je savoir que cette robe n'a pas été portée ? » demande la patronne. « C'est un vieux truc que certains parents utilisent. Ils remettent l'étiquette du prix et frottent les taches avec un chiffon humide ! »

Vous lui montrez la date de l'achat sur le ticket de caisse. Vous proposez d'appeler, en sa présence, votre médecin de famille pour qu'il certifie que votre fille était alitée le soir du bal.

« Bon, ça va », concède la propriétaire. « Nous allons faire une exception pour cette fois. La vendeuse qui s'est occupée de vous va vous rembourser. »

Vous voyez bien, pour chaque règle il y a une exception. Les règles sont générales. La plupart du temps il faut s'y conformer, sinon on vivrait dans l'anarchie. Mais je voudrais encore vous citer un exemple très simple où la règle doit être transgressée.

Vous êtes à l'église, en train d'écouter un sermon. Les fidèles sont silencieux, pendus aux lèvres du prédicateur. La règle dans cette église, c'est que l'on ne doit pas parler pendant le sermon, car cela romprait le charme. Soudain, vous apercevez une étincelle qui court au pied d'un mur. Pas de doute, il s'agit d'un court-circuit. Que faire ? Si vous ne pouvez en aucun cas violer la règle, vous n'avez plus que trois solutions :

1. Avertir le prêtre en soufflant la fumée dans sa direction.
2. Écrire un petit mot que vous ferez passer jusqu'à la chaire où l'on pourra lire : « L'église est en train de prendre feu ! »

3. Vous esquiver discrètement, puisque aucune règle n'interdit ce genre de comportement.

Seules les circonstances peuvent vous aider à décider si vous êtes en droit de transgresser une règle couramment admise. Si vous ne voulez pas que tous vos faits et gestes soient soumis à la réglementation, préparez-vous à démontrer que ses auteurs n'avaient jamais prévu de l'appliquer à votre cas particulier.

Voici maintenant le troisième exemple où « monter d'un cran » est nécessaire. Vous postez avec ponctualité votre déclaration de revenus avant la date fatidique. Vous avez répondu à toutes les questions avec une honnêteté scrupuleuse. Deux mois plus tard, vous recevez un avis du service des impôts vous demandant de vous présenter le jeudi suivant à dix heures à la recette de votre quartier; ils ont besoin d'éclaircissements sur certains points.

Votre estomac commence à se nouer. Vous vous imaginez déjà que vous devez être coupable de *quelque chose.*

Raisonnez, au lieu de céder à la panique. Laissez votre estomac se décontracter. Personne ne va vous taper dessus à coups de matraque. En fait, on va plutôt vous traiter avec les plus grands égards.

Conformément à la convocation, vous arrivez au service de l'impôt à dix heures avec toutes vos pièces justificatives sous le bras. Vous donnez votre nom à l'accueil et jetez un regard alentour : des rangées de bureaux alignés à l'infini. Et, derrière chaque bureau, un employé au visage sérieux mais bienveillant, armé d'une calculatrice, d'un bloc de papier et des derniers annuaires fiscaux. Au sujet de ces contrôleurs, rappelez-vous bien ceci :

1. Ils font simplement leur travail... et ne sont pas très bien payés.
2. Ils n'aiment pas plus que vous payer des impôts. Il y a parmi eux le même pourcentage de fraudeurs que dans le reste de la population et certains font même l'objet de contrôles.
3. N'ayant que peu d'imagination, ils s'en tiennent « à ce

qui est écrit », raisonnant plus en termes généraux qu'en cas particuliers.

Et le plus important :

4. Malgré les calculatrices électroniques, leur travail n'est qu'une évaluation subjective. C'est tout sauf quelque chose d'objectif, de définitif et de rigoureux. Bref, vos propres interprétations et évaluations peuvent être aussi valables que les leurs. Si vous en doutez, songez aux exemples, largement cités chaque année, de dossiers passés entre les mains de huit à dix contrôleurs. Remuant le même bouillon, concoctent-ils les mêmes chiffres? Non, pas du tout; les résultats sont tellement divergents que c'en est presque comique.

Tandis que vous attendez l'appel de votre nom, vous en profitez pour vérifier que votre tenue vestimentaire est adéquate.

Il ne faut jamais se mettre sur son trente et un pour aller voir le fisc. Évitez les extrêmes : n'ayez l'air ni d'un clochard, ni d'un mannequin faisant la couverture de « Vogue Hommes » ou de « L'Officiel ». La personne à qui vous avez affaire ne sera à l'aise et amicale que si elle peut s'identifier à vous. (Ceci est une intuition psychologique que les avocats avisés respectent pour ne pas indisposer les jurés. Certains négligent leur chevelure, d'autres ne se rasent pas de trop près, d'autres encore oublient de cirer leurs chaussures.)

On appelle votre nom. Simultanément, le contrôleur chargé de votre dossier s'avance pour vous accueillir. À ce stade – et tout au long de l'entretien – votre attitude se résume purement et simplement en un appel au secours. Vous jouez votre propre rôle, celui d'un être humain raisonnable, aimable et amical. Allez-vous commencer à argumenter? Non, au contraire. Êtes-vous sur la défensive? Pas le moins du monde. Vous n'êtes là que pour coopérer. Vous êtes tout sucre, tout miel.

Le contrôleur vous dit : « Il y a quatre points sur lesquels je voudrais revenir avec vous. Un : vos dons aux œuvres de bienfaisance; deux : le calcul de l'amortissement sur votre maison; trois : la revalorisation de votre propriété suite à d'importantes extensions; et quatre : la somme que vous prétendez avoir payée en tiers provisionnel. »

Vous vous éclaircissez la gorge. Cela pourrait être plus dur que prévu. Mais ce n'est pas évident. Alors, du calme!

Le contrôleur reprend : « J'aimerais voir les pièces justificatives des 2 000 francs que vous déclarez avoir versés à des œuvres charitables. »

Vous répondez : « Pas de problème. J'ai apporté les talons de chèques dans cette enveloppe. »

Le contrôleur examine les souches de chèques, tout en tapant les montants sur sa calculatrice. « Cela ne fait que 600 francs, comment expliquez-vous les 1 400 autres ? »

Votre réponse est aussi sincère que spontanée. « Je vais régulièrement à la messe tous les dimanches. Et, à chaque fois, je donne 20 francs à la quête. »

« Cinquante-deux fois par an ? »

« Sans faute. Cela nous fait 1 040 francs. »

« Et les 360 francs restants ? »

Vous n'avez même pas besoin de vous éclaircir la gorge. « C'était pour le goûter annuel des Éclaireuses, la collecte de l'équipe junior de football et ainsi de suite. J'aurais d'ailleurs dû compter au moins 500 francs pour tout ça. »

« Hum », observe le contrôleur. « Difficile de vous croire. Personne n'est aussi généreux! »

Vous haussez les épaules : « Eh bien moi, je le suis. »

« Je vais mettre un point d'interrogation en face de ces 1 400 francs », dit le contrôleur.

Remarquez bien la situation. Le contrôleur ne peut absolument pas prouver que vous n'avez pas donné, chaque dimanche, 20 francs à la quête ou fait quelques largesses aux jeunes de votre quartier. Ce n'est qu'une affaire d'appréciation personnelle sur ce qui est raisonnable et ce qui ne l'est pas. De plus, vous n'êtes pas sans défense face aux services des impôts. Vous pouvez toujours en appeler à une autorité supérieure.

L'entretien se poursuit. Le contrôleur prétend maintenant que votre maison devrait être amortie sur douze ans. Vous exprimez un désaccord poli, en répétant que l'amortissement ne porte que sur huit ans. Vous restez ferme sur vos positions, comme Stonewall Jackson à la bataille de Bull Run. Rien ne peut vous ébranler. Le contrôleur vous tient-il alors à sa merci ? Non, car il s'agit encore d'un point de vue personnel; d'une affaire qui se discute.

Ayant griffonné un second point d'interrogation au feutre, le contrôleur reprend. « Vous avez augmenté de 12 000 francs la valeur de votre propriété, après les extensions que vous y avez faites qui figurent en détails sur le quatrième feuillet de ce document dactylographié. »

« Ah non, là, vous faites erreur », dites-vous paisiblement. « Il ne s'agissait pas d'extensions, mais de réparations indispensables. La maison commençait à tomber en ruine. Vous auriez dû la voir! Si je n'avais pas fait faire ces travaux, aujourd'hui je serais quasiment à la rue! »

Le contrôleur esquisse un sourire forcé, comme s'il souffrait de constipation. Même un Monsieur pointilleux peut avoir le sens de l'humour. Votre affirmation est à nouveau entièrement subjective. Il marque donc un autre point d'interrogation. Et vous en êtes au troisième point qui doit remonter la voie hiérarchique.

Sur le quatrième point litigieux, vous vous faites coincer. Dans votre déclaration, vous prétendiez avoir payé 10 000 francs en tiers provisionnels. Or, le fisc peut établir que vous n'avez versé que 9 000 francs. Votre chiffre était faux, mais c'était une erreur involontaire. Vous avez rempli le formulaire tard dans la nuit et votre esprit était un peu embrouillé. Là, le contrôleur vous tient. Ce n'est pas une affaire d'appréciation personnelle. Vous ne pouvez pas faire appel et paierez bel et bien les 1 000 francs de différence.

Mais que faire si le contrôleur est en désaccord avec vous sur les autres points : vos dons aux bonnes œuvres, l'amortissement de votre habitation, et la revalorisation de votre propriété ?

La réponse est simple. Si, en pleine conscience, vous pensez être dans votre bon droit, commencez à remonter les échelons de la hiérarchie. *Faites appel.* Tout d'abord, prenez rendez-vous avec un inspecteur des impôts. Si vous n'obtenez pas satisfaction à la suite de cette rencontre, demandez audience à un responsable du service régional des réclamations. Et si cette nouvelle entrevue est tout aussi décevante, saisissez la juridiction compétente. De plus, même s'il ne s'agit que d'une petite somme, n'hésitez pas à faire appel si vous en avez envie. Vous avez des droits constitutionnels, servez-vous-en; vous avez des tripes, montrez-le.

Une dernière observation au sujet des négociations avec les impôts : si une myriade de contrôleurs et d'inspecteurs vous réclament des justifications complémentaires sur tout et n'importe quoi, comme si vous étiez un magicien capable de sortir des lapins de son chapeau, ne vous précipitez surtout pas. Demandez des délais. Expliquez à votre interlocuteur que courir après toutes les pièces qu'on vous demande va vous prendre un temps fou. Jouez sur le temps et apprenez à vivre dans l'à-peu-près, car, à terme, cela vous fera économiser beaucoup d'argent.

Souvenez-vous que le fisc a intérêt à classer votre dossier au plus vite. Se bagarrer avec vous demande du personnel, du temps et de l'argent. L'effort consacré à votre cas rapporte peu, et ils le savent bien. Continuez donc à dire : « Écoutez, je suis certain d'avoir raison. Peut-être pourrions-nous trouver un arrangement ? » Pour de telles affaires, même s'ils sont sûrs de leur fait, les services des impôts transigent assez facilement. Plus vous taperez haut dans la hiérarchie, et mieux vous serez compris. Les grands patrons savent que l'administration fiscale doit se montrer souple, quand elle traite de questions subjectives n'impliquant que de faibles sommes.

Et voici le quatrième exemple d'« escalade hiérarchique » bénéfique. Avec des amis, vous avez décidé de louer une maison de campagne pour vos week-ends, à une centaine de kilomètres de là où vous habitez. Dès le premier samedi, vous vous rendez compte qu'il y a énormément de travaux à faire. Les portes coincent, la plomberie a le hoquet, l'installation électrique a besoin d'une sérieuse révision et le fourneau de la cuisine est dans un état catastrophique. Heureusement, vous êtes adroit de vos mains. Malheureusement, vous n'avez apporté ni outils, ni fournitures, ni même beaucoup d'argent.

Laissant à vos amis le soin de balayer les sols et de nettoyer les carreaux, vous allez à la ville voisine à la recherche d'une quincaillerie. Au bout d'une heure, vous avez trouvé toutes les pièces qu'il vous fallait, plus les outils nécessaires. Le caddy, que vous poussez jusqu'à la caisse, est plein à ras bords. L'employé vous annonce le montant de votre facture : il y en a pour 510 francs.

Vous vous exclamez : « 510 francs! C'est incroyable! Je vais être obligé de vous faire un chèque. »

« Je regrette, dit le caissier, nous n'acceptons pas les chèques. »

Réfléchissons cinq minutes. Pourquoi dans cette quincaillerie n'accepte-t-on pas les chèques? Parce que, à l'époque où ils les prenaient, ils avaient environ 3 % de chèques en bois. Et, généralisant à partir de ces 3 %, le propriétaire a changé de politique commerciale. En prenant sa grosse voix, il a dit aux caissiers : « N'acceptez plus de chèques, jamais! » Voilà pourquoi les employés appliquent cette règle inflexible, sans réfléchir ni faire d'exception.

Maintenant, vous êtes là et répétez : « Il faut absolument que vous preniez mon chèque. Sinon, je ne pourrai pas rester dans la maison que je viens de louer. »

« Désolé », reprend le caissier. « J'ai des ordres. »

« De qui? » demandez-vous.

« Du patron », répond-il.

Vous demandez à lui parler. Le propriétaire apparaît alors en demandant : « Qu'est-ce qui se passe? »

Vous répondez : « J'ai vraiment besoin de ces outils et fournitures, mais votre caissier refuse que je paye par chèque. »

Il jette un coup d'œil au chariot : « Ça monte à combien tout ça? »

« 510 francs. »

« Et vous n'avez pas de liquide? » poursuit-il.

« Non, mais vous pouvez me faire confiance. J'ai un compte à la Banque française de Paris à Bourgville. »

Arrêtons un instant le déroulement de l'action. Êtes-vous en position favorable pour discuter, malgré la politique du magasin? Absolument. Le meilleur moment pour négocier l'acceptation d'un chèque, c'est après qu'on a choisi ses achats. Le propriétaire regarde les 510 francs d'outils et de pièces dans votre caddy. Il pense : « Mon Dieu, si cet idiot prend la mouche et s'en va en disant : " N'en parlons plus ", je vais me retrouver obligé de ranger tous ces articles, un par un, à leur place. Ça va me prendre des heures! »

Va-t-il accepter votre chèque? Oui, si vous lui montrez votre carte d'identité; donnez-lui en plus le numéro de téléphone de votre banque ainsi que celui de l'entreprise où vous travaillez. Et, souvenez-vous : Dans la plupart des cas, un subordonné, qui applique un ordre, n'est qu'un porte-parole robotisé. Contournez les robots et contestez les règles qui ne servent pas vos intérêts en vous adressant à « l'étage au-dessus ». La personne qui a imposé une règle peut aussi la supprimer. Donnez-lui une chance de l'adapter à votre situation particulière, elle vous en sera d'ailleurs souvent reconnaissante.

Voyons maintenant le dernier exemple de cette série. Votre plus jeune fils, qui est en première, traverse une très mauvaise passe en mathématiques. Pourtant, il est brillant, surtout en anglais. Mais il ne comprend rien aux chiffres. Pourquoi? Son professeur de maths l'a humilié devant toute la classe sous prétexte qu'il n'était pas venu à un cours supplémentaire obligatoire. Depuis, il fait un blocage dans cette matière. C'est déjà assez ennuyeux. Mais, ce qui l'est plus encore, c'est que votre fils a besoin de la bénédiction de ce professeur pour passer dans la classe supérieure. Or, il est très sensible et un échec risquerait de le traumatiser.

Comment allez-vous négocier l'admission de votre fils en terminale? Évidemment, je me place dans l'hypothèse où cet objectif est équitable et avantageux pour tout le monde. Il est indispensable que vous ayez une conversation avec le professeur de mathématiques avant qu'il ne rende ses notes de l'année.

Une fois que les notes sont reportées dans les registres officiels, c'est quasiment comme si elles étaient coulées dans le béton. Pour mener votre entreprise à bien, il faut que votre fils ait pleine confiance en vous, que votre relation soit fondée sur une estime réciproque et une compréhension mutuelle des défauts de l'autre.

Il est tout aussi essentiel que vous voyiez le professeur en personne. Ne discutez pas avec lui par téléphone. Il est alors trop facile de dire non et de se montrer intraitable. En tête à tête, c'est une autre affaire.

Lors de votre rencontre avec le professeur, rendez la conversation aussi personnelle que possible. Veillez à ce que, instinctivement, il vous trouve sympathique et comprenne bien vos soucis. Si ça ne marche pas, faites aussitôt appel à son supérieur hiérarchique. Préparez-vous, si nécessaire, à remonter tous les échelons jusqu'à ce que vous vous trouviez confronté à l'inspecteur d'académie.

Normalement, l'inspecteur d'académie se montrera beaucoup plus coopératif que le professeur de maths pour vous sortir de l'impasse. Pourquoi ? Parce que sa fonction est plus politique. Il ne vous voit pas seulement comme un parent d'élève soucieux et mécontent, mais aussi comme un contribuable – un contribuable capable de se manifester au prochain conseil d'administration de l'école et de s'entendre avec d'autres parents pour lancer un mouvement en faveur de la réduction des frais de scolarité.

Une telle éventualité, plus la contre-publicité qui en résulterait, contribueront à convaincre l'inspecteur d'académie.

Votre fils passera-t-il en terminale ? Oui, mais agissez rapidement. Plus haut vous irez dans n'importe quelle hiérarchie administrative, meilleures seront vos chances d'aboutir. Les responsables qui évoluent dans l'air raréfié des hautes sphères sont plus souples et pragmatiques que ceux qui vivent au pied de la pyramide. Ils sont plus disposés à infléchir des règles soi-disant immuables.

Un dernier mot sur ce sujet. Il existe toutes sortes de personnes ou d'organisations susceptibles de vous aider à faire prévaloir votre bon droit. Par exemple, les chambres de commerce, les groupements de consommateurs et même les parlementaires. N'hésitez pas à les contacter. Pour citer Hubert Humphrey sur les questions de principe : « Ne jamais renoncer, ne jamais céder. »

12.

PRENDRE LES CHOSES À CŒUR

On peut exercer le pouvoir sans violence
Et toucher les consciences sans s'humilier.
La solution la plus efficace consistant à
Exercer le pouvoir et toucher les consciences en même temps.

Barbara DEMING

En une génération, le monde a tellement changé et les problèmes sont devenus si complexes que même les sociologues en sont tout déconcertés. Les structures dans lesquelles nous évoluons ont grandi démesurément et se sont éloignées de nous. Il en résulte un sentiment d'aliénation pour certains, qui se sentent comme des numéros perdus dans la foule, une telle attitude mêlant curieusement l'apathie au désespoir. *Le Château* de Kafka en présente une excellente métaphore avec sa bureaucratie tatillonne et ses masses de gens anonymes dans des files d'attente sans fin.

C'est comme si nous avions été dépersonnalisés, et que nous soyons devenus d'infimes particules d'un grand ensemble statistique, travaillant comme des fourmis dans la gigantesque fourmilière de la vie.

Mais il n'en a pas toujours été ainsi. On se rappelle encore l'époque où, même dans une grande ville, quand les gens entraient dans un magasin de leur quartier, le patron les saluait par leur nom. Bien que cette façon de faire fût peut-être moins efficace que le commerce moderne, elle était quand même, d'une certaine façon, plus satisfaisante.

Évidemment, je ne songe pas à prêcher en faveur du retour au « bon vieux temps ». Ce que je veux dire, c'est que si vous voulez négocier efficacement, votre partenaire ne doit pas voir en vous un simple matricule, un objet inanimé ou une marchandise à échanger. Si vous vous présentez comme un être humain avec sa propre personnalité et son côté vulnérable, vos chances d'obtenir satisfaction seront bien meilleures. Combien d'entre nous peuvent-ils rester indifférents à ceux que nous voyons sous des traits humains? Au fond, la plupart des gens savent que leur propre bien-être passe par celui des autres. Tout manque d'égards à mon voisin peut, le cas échéant, se retourner contre moi.

En théorie, nous savons tous qu'« un homme n'est pas une île », mais, sous la pression de la vie quotidienne, nous avons tendance à oublier notre interdépendance. Par conséquent, il faut vous humaniser si vous ne voulez pas être considéré comme un objet statistique dépersonnalisé. On ne s'identifie pas aux grands nombres, mais tout le monde, ou presque, est capable de compatir aux angoisses d'un être de chair et de sang.

C'est à cela que pensait Samuel Adams en faisant, juste avant la Révolution américaine, une remarque restée célèbre. On rapporte que, tandis que se préparait le Massacre de Boston, Adams aurait dit ou à peu près : « Il ne faut pas moins de trois ou quatre morts, de sorte que la Révolution ait ses martyrs. Cependant, il n'en faut pas plus de vingt, sinon nous n'aurions plus de martyrs, mais seulement un problème de fossoyeurs. »

Mis à part le cynisme du propos et ses implications morales douteuses, la théorie d'Adams était correcte. Pour qu'un événement ait le plus grand retentissement possible, il faut que le public puisse bien en saisir les circonstances et s'identifier à ceux qui y étaient impliqués.

À la fin de la Seconde Guerre mondiale, nous avons appris l'énormité statistique des crimes commis contre l'humanité; mais, nous ne pouvions pas réellement mesurer l'ampleur des horreurs perpétrées par les nazis et leurs millions de complices silencieux et passifs. Pour l'homme de la rue, ces chiffres ne signifiaient pas grand-chose.

Ce furent plutôt les écrits d'une jeune adolescente juive

qui aidèrent les gens à comprendre un peu le cauchemar que fut cette période. Pendant qu'elle se cachait des nazis, elle écrivit un tendre et vivant récit de sa vie. Elle le fit en des termes empreints d'innocence, d'optimisme et d'humanité qui produisirent un effet bouleversant. Il s'agit bien entendu du *Journal d'Anne Frank* publié en 1947, dont on tira par la suite une pièce et un film qui émurent le monde entier.

De la même manière, pour renforcer votre position dans une négociation – peu importe à qui vous avez affaire – vous devez « personnaliser », à la fois vous-même et la situation.

Comment vous personnaliser vous-même ? En vous présentant à votre interlocuteur comme un sujet unique, tridimensionnel, un être de chair et de sang qui a des sentiments et des besoins, quelqu'un que l'on apprécie, à qui l'on tient et envers qui on se sent obligé, au minimum quelqu'un pour qui on est disposé à faire quelque chose.

Comment personnaliser la situation ? La réponse est simple. N'essayez pas de négocier au nom d'une institution ou d'une organisation, quelle que soit sa taille. Négociez en votre nom personnel, ès qualités de représentant de l'institution.

Je m'explique. Rares sont ceux qui se sentent liés envers des institutions. Elles sont lointaines, sans âme et trop abstraites pour susciter des sentiments d'obligation ou de solidarité. Personne, sauf un architecte, ne s'intéresse un tant soit peu à un ensemble de briques, de verre, d'acier et de béton. Les institutions sont froides et inanimées. C'est la raison pour laquelle on maltraite si volontiers des entités telles que IBM, Renault, Saint-Gobain, les PTT. C'est pourquoi on diminue ses chances en négociant au nom d'organisations très prospères, et des expressions comme celles-ci tombent toujours complètement à plat :

« Au nom de la Chambre de Commerce de Tarbes, nous aimerions que vous... »

« Au profit des Boy-Scouts de l'Ariège, nous voudrions que... »

« Le Synode de l'Église luthérienne du Calvados vous prie de... »

« Pour sauvegarder son équilibre financier, l'Organisation nationale des Femmes vous demande de tenir vos engagements... »

Donc, si vous représentez la ville de Grenoble, Air-Inter, le club local des femmes, la Régie des Transports urbains ou ce que vous voulez dans ce genre, et qu'il vous incombe d'obtenir des engagements envers ces entités impersonnelles (ce qui est virtuellement impossible), que pouvez-vous faire ? Réponse : « per-son-na-li-ser », c'est-à-dire faire en sorte que votre interlocuteur s'engage personnellement envers vous.

Par exemple, disons que vous travaillez au sein d'une importante organisation et que vous négociez avec quelqu'un qui vous donne du fil à retordre. Essayez de persuader cette personne de s'engager envers vous, et non envers votre société, ou bien envers vous à travers celle-ci. Dites-lui quelque chose comme :

« Je fais partie de la société Machin... Mais ne m'aviez-vous pas promis de faire ceci ? Je comptais sur vous. J'en ai donné l'assurance à mon patron. J'en ai même parlé à ma famille. Je l'ai garanti à l'audit. Vous n'allez pas me laisser tomber, je vous en prie. »

Et, si votre interlocuteur demande : « Vous n'êtes pas personnellement responsable, n'est-ce pas ? », vous répondez plaintivement : « Mais si, justement. »

En d'autres termes, passez-lui de la pommade. Débrouillez-vous pour qu'il se sente impliqué affectivement. Il est difficile aux gens de résister quand on leur dit : « Ça me ferait très plaisir que vous fassiez cela pour moi. » De telles phrases sont extrêmement efficaces pour personnaliser une situation. Naturellement, si vous devenez l'obligé de quelqu'un, il est entendu que vous lui rendrez la politesse dès que l'occasion s'en présentera.

Ceci nous amène à la question suivante : Comment pouvez-vous vous personnaliser vous-même dans une négociation ? Je vous en donne ici quelques illustrations très quotidiennes :

Voici le premier exemple. Imaginons que vous roulez à 120 km/heure sur une route où la vitesse est limitée à 90. La police de la route, cachée sur une bretelle bordée d'arbres, vous repère sur son radar. Le cri strident d'une sirène retentit et vous êtes impitoyablement pris en chasse. Vous vous rangez sur le bas-côté, tout en grommelant. Un flic descend de sa voiture de patrouille et se dirige vers vous, son carnet à souches à la main, et son regard dissimulé derrière des lunettes de soleil réfléchissantes. Vous vous sentez aussi désarmé qu'un paralytique devant affronter Mohamed Ali. Il n'y a aucune recette cent pour cent garantie pour vous tirer de ce mauvais pas, mais vous pouvez tout de même réduire les risques de vous faire coller une contravention.

Pour commencer, sortez de votre voiture d'un air très pacifique. Dirigez-vous vers lui (ou elle; aujourd'hui, c'est parfois le cas) avec une attitude soumise, comme pour dire : « Mon sort est entièrement entre vos mains. » Surtout ne restez pas assis dans votre véhicule avec les vitres remontées. Après tout, il ignore si vous n'êtes pas un drogué en manque ou un criminel armé. De nos jours, des policiers se font tuer par des fous dans des circonstances semblables. Par principe, pensez à ses besoins et à ses problèmes, autant qu'aux vôtres.

Tandis que vous présentez vos papiers, arrive le moment décisif de cette rencontre. À ce stade, vous avez trois objectifs :

1. Détourner son esprit de la contravention.
2. Faire qu'il vous considère comme une personne à part entière.
3. Prévenir, ou au moins retarder, l'instant où il va griffonner sur le carnet à souches avec son stylo.

Commencez en disant : « Monsieur, j'ai de la chance d'être tombé sur vous, car je suis complètement perdu. Ça fait une demi-heure que je tourne en rond. Comment puis-je faire pour retrouver la rue Untel ? »

Il va d'abord probablement ignorer la question et vous interpeller aussitôt : « Vous savez que vous avez commis un excès de vitesse ? »

Vous n'éludez pas la question et répondez : « Oui, mais j'ai perdu le nord, je ne sais plus où je suis. »

À coup sûr, le policier va vous donner les renseignements nécessaires. Mais, pendant ce temps, posez-lui sans arrêt d'autres questions; n'importe quoi pourvu que cela l'empêche de dresser son procès-verbal. Quand il aura passé cinq minutes à vous fournir des explications détaillées – pour lesquelles vous l'aurez remercié avec effusion – il reviendra au sujet du moment, à savoir votre infraction.

Essayez alors de faire que le policier se sente important,

en lui parlant des dangers et des difficultés de sa profession. Dépeignez-vous comme un citoyen respectueux des lois, un travailleur moyen écrasé de problèmes. Au moment où il vous reparle de votre excès de vitesse, dites : « Oui, je suis désolé, je n'ai pas réalisé que... C'est que j'étais juste en train de penser à... » Là, vous racontez le drame personnel qui vous obsède et dont vous lui faites la confidence. Tout le monde peut trouver quelque chose : un patron tyrannique, une épouse malade, un vieux père arthritique, des traites pour un crédit qu'on ne peut pas payer, une maîtresse infidèle ou un enfant ingrat.

Efforcez-vous de lui donner tous les arguments susceptibles de peser sur sa décision. Si vous n'avez aucun antécédent dans ce domaine, insistez : « Ce sera ma première contravention depuis douze ans que je conduis. Cela me ferait vraiment de la peine de ternir un passé dont je suis si fier. » Avec un peu de chance, il hésitera. Les flics répugnent toujours à donner à quelqu'un sa première contravention.

Quelle que soit votre excuse, elle portera d'autant plus qu'elle sera originale et unique en son genre. Mettez-vous bien dans la tête que ce fonctionnaire a pratiquement entendu toutes les histoires possibles et imaginables. Si la vôtre a quelque chose d'un peu spécial et d'intéressant, elle satisfera son besoin d'avoir quelques distractions dans un métier souvent routinier et monotone. Bien mieux, il aura une « histoire de guerre » à raconter à ses collègues en rentrant au commissariat.

À propos d'excuse peu banale, un commissaire de mes amis m'a raconté l'histoire suivante. Un policier était sur le point de mettre une contredanse à un automobiliste qui circulait en sens interdit. Soudain, l'accusé demanda innocemment : « Monsieur, vous est-il venu à l'esprit que le panneau pouvait être orienté dans la mauvaise direction ? »

Celui qui m'a raconté cette anecdote m'a assuré qu'elle était authentique et qu'il n'y eut pas de contravention, sans doute pour récompenser le contrevenant d'avoir fait preuve de tant d'imagination. Impossible mais vrai!

Quoique vous fassiez, ne restez pas assis derrière votre volant, et ne vous montrez pas désagréable avec le policier qui vous interroge. Abstenez-vous absolument de faire des déclarations machistes du genre : « Bon, mettez-moi cette contravention de toute façon, s'il le faut, je remonterais jusqu'à la Cour Suprême pour la faire sauter. »

Ou bien : « Vous apprendrez à vos dépens que je suis quelqu'un de très important et que j'ai le bras long. »

Ou encore : « Les radars ne sont pas fiables, vous le savez aussi bien que moi. Votre matériel ne peut pas prétendre à la précision scientifique. »

Les femmes se sortent probablement mieux que les hommes de ce genre de négociations. En effet, on sait que lorsqu'un radar signale un excès de vitesse, le sexe du conducteur n'est pas identifié; or, considérées collectivement, les femmes ont 25 % de moins de contraventions que les hommes.

La plupart des femmes, quand elles sont interpellées, semblent mettre naturellement en pratique les conseils que je donne ici. Elles sortent de leur voiture, prennent un air contrit, se comportent avec amabilité et essayent d'établir un rapport humain avec le policier. Je vous accorde que les 25 % de différence ne sont peut-être pas étrangers à la prédominance du sexe masculin dans les forces de police. Pourtant, même avec le nombre croissant de femmes-policiers, je ne crois pas que les statistiques bougent beaucoup. Prenons les choses telles qu'elles sont : en pareil cas, les femmes savent mieux « personnaliser ».

Deuxième exemple : Vous devez déménager de San José à San Francisco dans six mois. Après des jours et des jours à la recherche d'une résidence de bon standing, vous entendez parler d'un immeuble qui serait parfait pour votre famille. Le seul problème, c'est qu'il n'y a qu'un seul appartement libre, déjà convoité par les trente personnes qui vous précèdent sur la liste d'attente. Vous voulez passer du numéro 31 au numéro 1 sur cette fameuse liste. Comment réussir cette prouesse apparemment impossible ?

Allez directement voir le grand manitou, le décisionnaire final : le gérant de l'immeuble. C'est vraiment lui qui aura le dernier mot dans cette affaire. Faites-vous accompagner de votre femme et de vos enfants. Expliquez-leur comment ils doivent se comporter en la circonstance, et, si nécessaire, recourez à quelques gâteries. Je ne suggère d'ailleurs pour les enfants que de bonnes manières, des vêtements convenables et un peu de décorum. Pas besoin d'en rajouter. Autrement dit, personne ne s'attend à louer cet appartement à un couple d'une plastique parfaite, style poupées Barbie.

Ce que vous voulez d'abord, c'est apparaître comme un locataire responsable, convenable, régulier et donc bénéficier d'un préjugé favorable. N'oubliez pas que la famille, qui sera choisie, vivra à proximité du gérant, et que ce voisinage se prolongera pendant toute la durée du bail.

D'après ses expériences passées, il sait que des locataires peuvent, soit lui causer les pires ennuis, soit, au contraire, enrichir considérablement son existence. Recueillez un maximum d'informations sur lui et sa famille. Et, en même temps, assurez-vous que lui-même vous voit comme une personne à part entière, tridimensionnelle.

Demandez poliment à visiter l'appartement qui va se libérer. S'il vous rétorque : « Je suis désolé, mais il y a trente personnes avant vous », ne vous découragez pas. Expliquez que vous venez de faire un long voyage exprès et ajoutez : « Je sais que nos chances sont minces, mais pourrions-nous au moins jeter un coup d'œil sur cet appartement pour voir à quoi il ressemble ? »

Même si vous ne pouvez pas voir cet appartement-là (il est peut-être encore occupé), demandez qu'on vous montre n'importe quel autre appartement de la résidence. En dernier ressort, demandez-lui à visiter le sien. Et, d'un bout à l'autre de cette conversation, dosez habilement votre mélange de tact, compréhension, courtoisie, considération, affabilité prévenante et persévérance.

À partir de ce jour-là, chaque fois que vous serez dans le secteur, profitez-en pour rendre visite au gérant. Même s'il vous dit qu'il n'y a aucun espoir pour vous, gardez le contact.

Dès lors que ce responsable vous consacre pas mal de temps, parlez-lui sur le ton de la confidence de votre situation, et n'hésitez pas à lui demander conseil. Racontez-lui en détails où vous travaillez, le poste que vous occupez, les associations auxquelles vous appartenez, vos horaires habituels, vos sujets d'intérêt et vos passe-temps favoris. Continuez jusqu'à ce que le gérant vous connaisse pratiquement aussi bien que sa propre famille.

Grâce à vos efforts soutenus de personnalisation, que va-t-il se passer quand l'appartement se libérera? Le gérant consultera sa liste. Ses yeux s'attarderont un moment sur le premier nom, mais c'est tout. Voyez-vous, ce nom n'est qu'une indication sans visage. Le gérant a maintenant le choix de louer cet appartement, soit à un inconnu envers qui il ne ressent rien, soit à vous dont il sait presque tout.

Il y a alors de grandes chances pour que vous passiez à la vitesse grand V de la 31e place au début de la liste. Vous obtiendrez cet appartement parce que vous aurez fait en sorte que le gérant investisse du temps et s'identifie à vous. Vous avez personnalisé le processus de sélection. (Naturellement, cette méthode n'est valable que si c'est bien le gérant qui détient le pouvoir de choisir un locataire. Autrement, il faudrait recourir à d'autres techniques de négociation.)

Venons-en au troisième exemple. Notre fils, Steven, sur le point d'entrer en terminale, fit de grands projets pour parcourir l'Amérique pendant l'été en auto-stop; il nous présenta son affaire en disant : « C'est une expérience fantastique, et je n'aurai pas besoin de beaucoup d'argent ni de matériel. »

Inutile de dire que nous, ses parents, voyions tout cela d'un assez mauvais œil. Nous lui opposâmes toutes les objections habituelles : c'est dangereux, le stop est interdit dans certaines régions, il y a trop de facteurs imprévisibles... Après de longues discussions, il réfuta logiquement chacune de nos craintes.

Alors, l'argument suprême nous apparut : « D'accord, mais tu resteras au bord de la route, car les gens ne prennent plus les autostoppeurs. »

À notre grande surprise et à notre grande épouvante, Steven avait aussi pensé à cet aspect du problème. Il avait acheté un vieux jerrican dans une station-service, avec l'intention de le nettoyer et d'en transformer l'intérieur pour en faire une valise. Apparemment, son projet de voyage n'était pas un simple caprice d'adolescent; il avait un but soutenu par une stratégie mûrement réfléchie.

Après des mois de discussions, nous avons finalement opté pour une « lâche complaisance » en l'autorisant à réaliser son rêve. Quand il revint, sain et sauf, l'une des premières choses qu'il nous raconta fut la facilité avec laquelle il avait pu se faire prendre à bord des véhicules de passage.

Steven expliqua que c'est avec le premier automobiliste qui s'arrêta qu'il mit au point le scénario pour les fois suivantes. Après plusieurs kilomètres, le conducteur observa : « Vous avez fait un sacré bout de chemin pour trouver de l'essence. » Réponse de Steven : « Oh, je n'ai pas de voiture; ce bidon me sert de valise; c'est plus facile pour se faire prendre en stop, vous ne croyez pas ? »

Cette réponse provoquait ordinairement des tonnerres d'éclats de rire chez les conducteurs, et il s'ensuivait une conversation amicale et instructive.

Bien que l'usage du pouce comme moyen de transport comporte de sérieux risques, dans ce cas précis cela avait très bien marché. En portant ce jerrican, mon fils s'était singularisé et distingué de l'autostoppeur moyen. Les automobilistes passant par là voyaient en lui – par erreur, il est vrai – un être humain en détresse à qui ils pouvaient s'identifier et apporter de l'aide.

Et voici notre quatrième exemple. L'un des instruments de la vie moderne grâce auquel les personnes sont reléguées au rang de simples unités statistiques est l'ordinateur. Avez-vous déjà reçu d'un ordinateur une lettre, une facture ou un avis erronés? Si oui, vous savez combien il est difficile de négocier avec un système informatique. Vous pouvez passer votre vie à écrire ou téléphoner, mais en vain, car votre antagoniste est programmé pour rester aveugle et sourd à toutes vos doléances.

Dans ces conditions, comment obtenir la correction que vous souhaitez?

Considérons d'abord un avis qui vous parvient sous la forme d'une carte perforée d'ordinateur portant la mention : « Ne pas plier, déchirer ou froisser. » Alors, la solution est simple : prenez une paire de ciseaux ou un stylo-bille, et faites un ou deux trous supplémentaires dans la carte. Laissez libre cours à votre créativité pour violer une interdiction qui ne repose que sur le pouvoir de légitimité. Après quoi, inscrivez sur la carte les modifications que vous désirez et renvoyez-la par la poste.

Quand cette carte sera réintroduite dans le circuit informatique, l'ordinateur la rejettera du fait de l'anomalie que vous lui avez fait subir. Un être humain la traitera alors manuellement. Et, si elle est justifiée, la correction que vous réclamez sera faite sans plus tarder.

En second lieu, examinons le cas d'une lettre informatisée. Dans cette hypothèse, appelez l'organisme expéditeur et demandez à parler à la personne qui s'occupe de votre dossier. Le plus souvent, elle rectifiera assez vite l'erreur que vous lui avez fait remarquer. Mais, supposons que la même erreur réapparaisse le mois suivant. Tapez alors une lettre personnalisée à l'employé à qui vous avez parlé, et faites-en parvenir une copie à son chef de service et au grand patron de la société. Les noms de ces personnes peuvent facilement être obtenus des secrétaires et standardistes.

Le point commun de ces deux approches est d'établir un contact personnel avec quelqu'un qui vous identifie bien en tant qu'être humain ayant besoin d'aide.

Continuons avec le cinquième exemple. Je tiens cette histoire de Sharon, notre fille. Dans le cadre d'un échange d'étudiants, elle passa un été dans une famille d'agriculteurs français qui produisaient des melons.

Ils recevaient régulièrement des appels téléphoniques de gens qui voulaient acheter des melons au prix de gros. Chaque fois, leurs offres étaient repoussées.

Un jour, un garçon d'une douzaine d'années se présenta à la ferme et formula une demande identique. Et, naturellement, il reçut la même réponse. Cependant, le jeune orphelin insista, suivant l'exploitant dans son champ alors qu'il vaquait à ses travaux. Après avoir écouté, pendant une heure, l'histoire personnelle de l'enfant, le paysan s'arrêta au milieu d'un carré de melons.

« Suffit », dit-il au garçon : « Tu peux avoir ce gros melon pour un franc. »

« Je n'ai que dix centimes », objecta l'enfant.

« Voyons », reprit le paysan d'un air rusé en faisant un clin d'œil à Sharon. « À ce prix, veux-tu ce petit melon vert là-bas ? »

« Je le prends », répondit l'enfant. « Mais, ne coupez pas encore la tige. Mon frère viendra le cueillir dans quinze jours. Voyez-vous, je ne suis responsable que des achats; c'est lui qui se charge des transports et des livraisons. »

Venons-en au sixième et dernier exemple. Disons que vous occupez un appartement dans une résidence de bon standing. À la mi-janvier, le chauffage est insuffisant : même votre chat grelotte de froid.

Devez-vous vous plaindre au gérant, au syndic ou au propriétaire ? Vous l'avez d'ailleurs probablement fait, mais sans résultat. À ce stade du livre, vous devez avoir compris que je ne crois pas à l'utilité d'aborder quiconque avec irritation ou agressivité. En fait, vous ne devez pas vous « plaindre », mais simplement faire connaître vos besoins et votre situation. Si vous y allez trop fort, vous vous mettez dans votre tort, et la question ne sera plus de savoir pourquoi votre chauffage ne marche pas, mais pourquoi vous manquez à ce point de savoir-vivre.

Dans cet exemple, il importe de déterminer s'il règne ou non une température arctique dans tout l'immeuble. Est-ce un procédé dont le propriétaire use délibérément pour faire des économies ? Si tel est le cas, tous les locataires devraient pouvoir s'entendre pour agir contre les brimades d'un propriétaire abusif. En l'occurrence, il faut mobiliser toutes les forces et s'engager collectivement.

Mais, supposons que le problème soit plus difficile; pour une raison inexplicable, vous êtes seul concerné et avez presque tout essayé : appels téléphoniques, lettres, recours aux pouvoirs publics, à la station de radio locale, et le tout sans résultat !

L'heure est grave car vous avez épuisé toutes les approches raisonnables. Avant d'aller plus loin, déterminez à qui incombe la responsabilité d'une telle situation. Pour la commodité du raisonnement, disons que le propriétaire n'habite pas sur place.

En premier lieu, renseignez-vous pour avoir son adresse. Puis, faites-lui une visite surprise, un dimanche après-midi, alors que sa femme et ses enfants sont présents. Comportez-vous de façon responsable et posée, et évitez tout éclat de voix. Ne l'accusez surtout pas de négligence, car il risquerait de se mettre en colère si vous lui faisiez perdre la face devant les siens. Dites quelque chose comme : « Voyez dans quelle situation je me trouve. Je pense bien que vous n'étiez pas au courant, sans quoi vous ne l'auriez pas toléré. J'ai un enfant malade, et il fait à peine treize degrés dans mon appartement. D'où pensez-vous que ça puisse venir? Y a-t-il des canalisations défectueuses? Que puis-je faire? Je suis sûr que vous pourrez m'aider. »

Il y a des chances qu'après tout ce cinéma devant sa famille, il ne reste pas indifférent à vos ennuis. En outre, il ne vous connaîtra plus simplement comme l'appartement 203, mais comme une personne avec des besoins humains et légitimes.

Il n'y a pas de recette universelle valable pour toutes les négociations particulières. Une combinaison spécifique de facteurs n'intervient qu'à un moment donné. Mais il y a quelques principes généraux qui s'appliquent dans tous les cas.

Gardez-les bien à l'esprit :

1. On a tendance à brimer ceux qu'on ne connaît pas personnellement.

2. Ne vous laissez pas réduire à un élément statistique désincarné, un grain de sable qui tombe des doigts et disparaît dans une fente du plancher. Ne soyez pas comme Lara dans *Le Docteur Jivago* qui devint « un numéro sans nom sur une liste égarée ». Les gens se tracassent rarement au sujet des matricules. Leur réflexe est de dire : « Alors, le numéro 463 pense qu'il a un problème? Qu'est-ce que ça peut faire? »

Bien que nous ayons poussé cette analyse assez loin, il faut encore nuancer le propos : comprenez bien, s'il vous plaît, qu'une technique, aussi efficace soit-elle, devient inopérante si on la porte aux extrêmes. Elle peut même devenir franchement ridicule. C'est pourquoi un peu de modération est souvent bien utile.

Il y a quelque temps, on m'a raconté une histoire dont j'aimerais vous faire part. Un prêtre, nouvellement arrivé dans sa paroisse, était si nerveux lors de son premier sermon qu'il pouvait à peine parler. Après la messe, il alla trouver son supérieur, l'évêque, pour lui demander conseil.

Cette démarche fit plaisir à l'évêque qui mit sa main sur l'épaule du jeune prêtre en disant : « Pour bien tenir votre auditoire, vous devez faire revivre la Bible. Vos ouailles doivent voir les événements de cette époque comme s'ils se produisaient aujourd'hui. Le but de Jésus était de sauver l'humanité des hommes. Sa mission n'était pas de les gouverner mais de les libérer. »

« En d'autres termes », reprit l'évêque, « faites de la Bible une expérience personnelle pour les fidèles. Utilisez leur langage. Dites les choses comme elles sont, avec des mots de tous les jours. »

Le prêtre hochait la tête avec un enthousiasme qui encourageait son supérieur à continuer.

Impressionné par l'attitude du jeune homme, l'évêque ne put s'empêcher de lui conseiller un dernier petit truc, inspiré de sa propre expérience. Il lui chuchota à l'oreille : « Encore une chose – ce qui pourrait vous aider à vous relaxer serait de mettre un peu de vodka ou de gin dans votre verre d'eau. »

Le dimanche suivant, appliquant à la lettre les conseils de son évêque, le jeune prêtre fut beaucoup plus à l'aise et parla comme un moulin. Cependant, il remarqua, dans le fond de l'assemblée, l'évêque qui prenait rageusement des notes.

À la fin de la messe, le jeune prêtre se précipita vers son supérieur, avide de quelques autres enseignements pleins de sagesse. « Bon, comment m'avez-vous trouvé cette semaine ? » « Bien », dit l'évêque. « Mais, il y a certaines choses que vous devriez éviter à l'avenir » et il tendit au prêtre ses notes où l'on pouvait lire :

1. Il y a les Dix Commandements, pas « les dix tubes du hit-parade ».
2. Nous avions Douze Apôtres, non « une bande de copains ».
3. David abattit Goliath. Il ne lui fit pas « la peau ».
4. Nous ne parlons pas de Jésus-Christ comme du « regretté J.-C. »

5. Dimanche prochain, il y a une kermesse en l'église Saint-Pierre, pas « un pot chez Pierrot ».
6. On ne parle pas du Père, du Fils et du Saint-Esprit en les appelant « Pépé, Fiston et le Fantôme ».

Conclusion : ne prenez pas tout au pied de la lettre. Faites ce qui est adapté aux circonstances, en prenant le plus grand soin de rester toujours dans des limites raisonnables.

Il est probable que feu Richard J. Daley, longtemps maire de Chicago, fut l'un de ceux qui exercèrent le « pouvoir personnalisé » avec un maximum d'efficacité. Je voudrais comparer sa façon d'être à celle d'un de nos contemporains : John Lindsay, l'ancien maire de New York.

À mon avis, John Lindsay fut le maire le plus distingué que New York ait jamais eu. Grand et mince, les traits finement sculptés, la mâchoire volontaire, une tenue vestimentaire toujours très soignée, il aurait aisément pu faire une brillante carrière dans les médias ou le cinéma. Orateur éloquent et stylé, il n'avait même pas l'accent de New York. À défaut de toute autre considération, ceci l'aurait déjà qualifié pour devenir maire de New York. En somme, John Lindsay semblait avoir tous les atouts dans son jeu.

Or, même s'il était un administrateur très convenable et animé des meilleures intentions, est-il parvenu à atteindre ses objectifs ? Pas du tout. Et pourquoi ? Parce que, en dépit de sa personnalité sympathique, il ne sut pas « personnaliser » son action. Il négociait toujours au nom de la ville. Il disait des choses comme : « La Ville de New York souhaiterait que vous honoriez vos engagements. » Pensez-vous que des gens comme le syndicaliste Michael Quill (qui se contentait de faire la politique de l'autruche et déformait systématiquement le nom du maire en « Lindsley ») se souciait d'une abstraction aussi impersonnelle ? New York est une réalité trop gigantesque pour être perçue, dans sa globalité, par un esprit relativement simple. Pour Quill, une phrase de ce genre était à peu près comme une requête de l'Empire britannique.

Au contraire, Daley était petit, gros et flasque. Après qu'il eut beaucoup maigri, l'adjectif qui le qualifiait le mieux était « potelé ». Il ne portait que des costumes passés de mode depuis trente ans et, dans ses discours officiels, il ne cessait de martyriser la langue anglaise.

Un jour, en inaugurant une école, il coupa le ruban et dédia le bâtiment « aux plus hautes platitudes du savoir ». Par la suite, il prit la défense d'un de ses copains inculpé en disant : « Nous sommes amis d'enfance depuis toute notre vie. » Puis, il repoussa les protestations contre la guerre du Viêt-Nam en déclarant : « Je ne crois pas que cette crise soit plus grave pour notre pays que la guerre civile. » Une autre fois, en s'adressant à un groupe d'hommes d'affaires, il dit : « Aujourd'hui, le vrai problème c'est l'avenir. »

Il y eut aussi sa riposte fameuse, à propos d'une manifestation de policiers devant la Convention nationale du parti démocrate en 1968 : « La police n'est pas là pour créer le désordre », dit-il. « Elle est là pour préserver le désordre! »

Évidemment, les journalistes se firent un plaisir et un devoir de le citer textuellement, et Earl Bush, l'attaché de presse de Daley, leur en fit reproche.

« C'est vraiment du reportage de bas-étage », dit-il. « Vous auriez dû rapporter ce que le maire voulait dire, non ce qu'il a vraiment dit. » Daley lui-même se plaignit : « Vous m'avez condamné, vous m'avez dénigré, vous m'avez même critiqué. »

Le look de Daley et ses discours ratés lui ont-ils porté préjudice ? Au contraire, ils en ont fait un personnage humain, sympathique et attirant. Aujourd'hui encore, il est honoré à Chicago à un point tel qu'on pourrait dire qu'il est à la veille de la canonisation.

L'automne dernier, j'ai pris un avion en partance de Chicago. Mon voisin me demanda : « Est-ce qu'il neige ? » Après avoir jeté un coup d'œil par le hublot, je lui répondis par l'affirmative. Il reprit alors du tac au tac : « Vous savez, du temps de Daley, il ne neigeait jamais si tôt dans l'année! »

Le défunt maire est enterré dans un petit cimetière de Chicago. Pourtant, à longueur d'année, des dizaines de milliers de visiteurs viennent en pèlerinage à sa dernière demeure pour lui rendre hommage. Pourquoi cette foule vient-elle là ? Pour autant que nous sachions, on continue de lui demander des faveurs, et pour autant que nous sachions, il continue de les accorder!

Comment se fait-il qu'encore aujourd'hui les patrons et

les hommes d'affaires de Chicago affirment : « Daley était notre ami; il savait vraiment ce qu'est le business ? » Pourquoi les responsables syndicaux continuent à dire : « Daley comprenait les travailleurs et leurs aspirations ? » Comment pouvait-il se trouver à la fois des deux côtés de la barrière et convaincre chacun qu'il était dans son camp ? Parce que – au contraire de Lindsay – Daley négociait personnellement. Il n'a jamais négocié au nom du Comité national démocrate, du parti démocrate ou de la ville de Chicago. Sentant viscéralement que de tels concepts étaient trop abstraits, il approchait les gens en particulier, un par un, leur demandant de s'engager personnellement envers lui.

Par exemple, il aurait pu dire quelque chose comme : « John, vous m'avez assuré que vous alliez faire ceci. Je comptais sur vous. J'ai même parlé de votre promesse à ma femme. Vous ne pouvez pas me laisser tomber. Vous savez, je ne vous oublie jamais dans mes prières quand je récite mon chapelet. Ce matin, j'ai même allumé un cierge pour vous! Regardez, j'ai encore de la cire sur les doigts! »

C'est ça la « personnalisation » du pouvoir!

Maintenant que nous avons bouclé la boucle, j'espère que la fin de ce livre marque le début d'une phase de libération et de succès dans votre existence.

Vous avez un rôle à jouer ici-bas, une raison d'être. Mais, c'est à vous de trouver votre créneau et d'orienter votre avenir.

Il n'appartient qu'à vous de déterminer votre destinée par vos propres efforts. Acceptez cette responsabilité, pas seulement pour vous, mais pour nous tous. Vous avez le pouvoir de changer votre vie et, du coup, celle des autres. Ne vous refusez pas à exercer ce pouvoir et n'attendez pas que quelqu'un le fasse à votre place. Bien sûr, vous pouvez avoir tout ce que vous voulez, mais, entre autres, vous devez vouloir aider les autres.

Une vie heureuse n'est pas une existence passive où l'on se contente de vivre et de laisser vivre. C'est une existence engagée où l'on vit et aide à vivre.

Permettez-moi de terminer par ces quelques lignes tirées du très beau livre de William Styron *Le Choix de Sophie :*

La remarque la plus judicieuse jamais faite sur Auschwitz n'était pas un jugement mais une réponse.
La question : « À Auschwitz, où était Dieu ? »
Et la réponse : « Où était l'homme ? »

TABLE DES MATIÈRES

Partie IV
LA NÉGOCIATION TOUS AZIMUTS

Dans la collection

BUSINESSMAN / ALBIN MICHEL

Stephanie Winston
ORGANISEZ VOTRE TRAVAIL
POUR MIEUX GAGNER

Gerard Nierenberg
TOUT NÉGOCIER POUR RÉUSSIR

Gerard Nierenberg/Henry Calero
LISEZ DANS VOS ADVERSAIRES
À LIVRE OUVERT

Roger Von Oech
CRÉATIF DE CHOC!

Michael Doyle/David Straus
RÉUNIONS, MODE D'EMPLOI

Robert Kelley
LA GÉNÉRATION DE L'EXCELLENCE

Robert Ringer
RÉUSSIR PAR L'INTIMIDATION

Mitchell Deutsch
BANZAÏ!
LE DÉFI JAPONAIS

Reiner Selz
150 IDÉES LUCRATIVES

Olivier Protard/Pierre-Alain Szigeti
LE GUIDE DU SAVOIR-VIVRE
EN AFFAIRES

James Cook
DEVENEZ L'ENTREPRENEUR QUI GAGNE

Russell Miller
L'HISTOIRE EXCESSIVE DE PLAYBOY

Harmon/Jacobs
LES SECRETS DES MEILLEURES
ENTREPRISES AMÉRICAINES

Patrick Turbot
AMERICA

Robert Heller
LES SUPERMANAGERS

Gerald C. Meyers
LES 9 FLÉAUX
QUI MENACENT VOTRE ENTREPRISE

Dans la collection

UNE HISTOIRE VRAIE
QUI SE LIT COMME UN ROMAN

R. Foster Winans
WALL STREET

Nayak/Ketteringham
12 IDÉES DE GÉNIE
AUXQUELLES PERSONNE NE CROYAIT

Dans la collection

LES BUSINESSGUIDES

Martin John Yate
COMMENT TROUVER UN EMPLOI
ET SE FAIRE EMBAUCHER

Hawkins/Turla/Tavéra
TESTEZ VOTRE Q.I. D'ENTREPRENEUR/
TESTEZ VOTRE PROJET

CET OUVRAGE A ÉTÉ COMPOSÉ
ET ACHEVÉ D'IMPRIMER SUR ROTO-PAGE
PAR L'IMPRIMERIE FLOCH À MAYENNE
POUR FIRST, INC.
EN OCTOBRE 1987

N° d'édition : 04
N° d'impression : 25881
Dépôt légal : octobre 1987

IMPRIMÉ EN FRANCE